5
MINUTOS
CONTIGO

Debemos tener fé y confianza en nosotros mismos. Debemos erradicar de nuestra vida el pesimismo. Aún el escepticismo es con frecuencia causa de sentimientos de frustración que nos atormentan y deprimen. Aprendamos a controlar nuestras emociones. No permitamos que el odio, la ira, la envidia o la desconfianza nos amarguen la existencia. Seamos maduros y así hallaremos la felicidad.

EDAMEX
LIBROS PARA
SER LIBRES
www.edamex.com

5

Minutos Contigo

Nota Preliminar de
Octavio Colmenares

HELEN HERNÁNDEZ

Título de la obra: **5 MINUTOS MÁS CONTIGO**

Derechos Reservados © en el 2003 por EDAMEX, S.A. de C.V.
y Helen Hernández.

Portada: departamento artístico de EDAMEX.

Colección "Superación Personal"

Trigésima séptima edición: 11 de septiembre de 2003.

Ficha Bibliográfica:

Hernández, Helen
Cinco minutos más contigo
128 pág. De 14 x 21 cm.
28. Superación Personal

ISBN-968-409-273-3

EDAMEX, Heriberto Frías No. 1104, Col. del Valle, México 03100.
Tels: 5559-8588. Fax: 5575-0555 y 5575-7035.

Para enviar un correo electrónico diríjase a:

infolibros@edamex.com

www.edamex.com

Impreso y hecho en México con papel reciclado.

Printed and made in Mexico with recycled paper.

Miembro No. 40 de la Cámara Nacional de la Industria Editorial Mexicana.

NOTA PRELIMINAR

Con su natural optimismo, con su perenne juventud, Helen Hernández nos ofrece un conjunto de reflexiones que simplemente ha titulado 5 Minutos Contigo, sin duda porque sabe que el suyo no es un libro para leerse de un solo tirón, sino a pausas, a pequeños sorbos, como se toma el buen vino.

El lector podrá abrir el libro al azar con la certeza de que cualquiera que sea la página encontrada, guardará un mensaje que invadirá de paz y de tranquilidad su espíritu, frases de aliento que la autora concibió con el propósito de ayudar a encontrarse a sí mismo a un amigo desconocido y quizás lejano.

Ojalá existieran muchísimos libros como éste. La autora, maestra de profesión y sobre todo de corazón, sólo anhela estar con el lector 5 minutos, de ahí el título de su obra, pero 5 minutos diarios, cotidianamente, sin faltar un solo día, de tal manera que el libro se convierta realmente en el libro de cabecera del lector, el libro en el que encuentre alivio a sus penas, fortaleza para su debilidad, amor cuando sienta que el odio corroe sus entrañas, tranquilidad si la desesperación le amenaza, ánimo si el mal del siglo (la depresión) intenta hacer presa de él, serenidad cuando su espíritu se exalta, y madurez en los momentos que exigen reflexión.

Para quienes conocemos a Helen Hernández, sempiterna maestra de optimismo, el presente libro nos parece su obra natural y lógica, la que mejor va con su natural manera de ser y de vivir. Disfrutemos de estas bellas páginas, aprovechémoslas, reconfortémonos leyéndolas una y otra vez, 5 minutos diarios, y ella se sentirá feliz y exclamará gozosa: he estado 5 Minutos Contigo.

Octavio Colmenares

PREÁMBULO

Todos buscamos la felicidad y el bienestar; sin embargo, a menudo no sabemos cómo recorrer el camino para encontrar esa paz y esa alegría tan anheladas.

Nuestros tropiezos y problemas nos llenan de resentimientos y heridas que nos endurecen y amargan.

En efecto, por fuerza todos pasamos por situaciones y momentos dolorosos y tristes, pero siempre hay una luz, siempre hay una esperanza cuando conservamos un corazón grande, donde los sentimientos nobles puedan habitar.

Este camino a veces largo, a veces corto, con épocas difíciles, puede ser más llevadero, más rico en vivencias cuando no permitimos que el resentimiento y el pesimismo se apoderen de nosotros.

A ustedes, queridos hermanos, dedico estos pensamientos, con la esperanza de que mis experiencias y reflexiones les sirvan de algo, especialmente cuando sientan desesperanza o hastío, miedo o ansiedad, ya que para cada veneno podemos encontrar un antídoto que cure nuestra alma y nos devuelva la alegría de vivir.

2

LA FELICIDAD

A través de los siglos, el hombre ha tratado de entender el significado y el logro de la felicidad. Millones de palabras se han escrito acerca de este tema; los poetas y sacerdotes, filósofos y científicos, maestros y predicadores así como guías y líderes de diferentes épocas han buscado la "fórmula de la felicidad" ya que en última instancia, la felicidad es el propósito y la meta que todos perseguimos. Pero, ¿Qué es la felicidad?

Obviamente la felicidad significa diferentes cosas para cada quien. Desde tiempos muy remotos, el hombre la ha buscado y la ha creído encontrar por diferentes caminos en el trabajo, el éxito, la fama, el poder, el amor, los lazos familiares, los amigos o la religión.

Sin embargo, hay un punto sobre el cual los filósofos de todos los tiempos concuerdan; la felicidad verdadera brota siempre del interior, de una manera de pensar y de sentir hacia la vida. De todo lo que se ha escrito acerca de la felicidad esta es la más antigua y duradera de todas las verdades. Si no poseemos un sentimiento de contento y paz interior, no habrá ni éxito material ni placeres ni posesiones que nos den la felicidad.

Hay un hermoso cuento escrito por Maeterlinck llamado *El pájaro Azul* que nos cuenta como dos niños, hijos de un leñador, se lanzan a buscar la felicidad por todo el mundo, solamente para encontrarla en su regreso a casa.

Otra historia cuenta como un niño veía diariamente a lo lejos una casita con ventanas *de oro*. Un día decide ir a la casa de las ventanas relucientes pero al llegar no puede encontrarlas. Finalmente le pregunta a otro pequeño qué dónde queda la "casa de las ventanas de oro" y el niño sin dudarlo apunta a lo lejos señalando precisamente la casa de dónde venía el curioso visitante.

Nuestra felicidad está adentro de nosotros mismos y como dice Omar Kayam en un hermoso poema; "Mandé mi alma al espacio, a descifrar el misterio de la vida y al regresar vi que soy por igual infierno y cielo".

3

LA VIDA

Los santos aman la vida, son biófilos. Vida es acción, moviemiento, cambio, fertilidad.

La vida quiere perpetuarse y lucha por seguir. Nuestro instinto de vida, es lo que nos lleva a hacer cosas nunca sospechadas.

La vida brota hasta en la piedra. Hay vida en el desierto, en el aire, en el agua. Los seres positivos aman la vida a pesar de las penas, de los problemas, de las derrotas temporales.

El que ama es pro-vida, el que odia destruye la vida.

San Francisco de Asís, el santo más lleno de vida, amaba a la naturaleza con vehemencia y sus hermanos eran no sólo los humanos, sino el sol, el agua, el aire, las flores y los animales. Cántale a la vida y ayúdala a florecer. ¡Defiende la vida!

Hay vida en las flores, en los bosques, en los animales y en ti. Evita su destrucción, no permitas que la vida muera, ella quiere seguir y sola lucha por renovarse en el mundo.
LUCHA POR LA VIDA, ÁMALA.

4

TUS METAS

Una meta es más que un deseo, es más que propósito. Lograr una meta, es no sólo perseguir un fin, es tener la determinación de lograr algo específico y concreto.

¿Cuáles son tus metas? ¿Qué quieres tener? ¿Qué quieres hacer? ¿Qué quieres ser?

He aquí tres preguntas que debiéramos hacernos y contestar con claridad. Si sabemos lo que queremos, buscaremos y nos afanaremos por lograrlo. Si conocemos lo que deseamos tener, trataremos de obtenerlo. Si sabemos lo que deseamos llegar a ser, estudiaremos la forma y emularemos al ser superior, a quien admiramos.

Anota tus metas. Piensa cómo lograrlas. No te desanimes si no logras tus propósitos de inmediato. Lo valioso cuesta. Lo fino hay que trabajarlo, lo verdadero hay que descubrirlo.

Si llegas a obtener lo deseado no te detengas, avanza y fíjate una nueva meta. Siempre hay algo nuevo, siempre hay algo mejor.

Traza tus planes para conseguir lo que anhelas, asegúrate de que tus metas sean dignas y valiosas.

¡QUERER ES PODER! DECÍDETE A LOGRAR TUS PROPÓSITOS, no desvíes tu vista, sigue paso a paso, adelante día a día, y verás que con perseverancia y fe llegarás a donde tú decidas llegar.

5

ADAPTARSE

La vida es un cambio constante. Se es mucho más feliz conforme al grado de adaptabilidad que se tenga. Las personas *inadaptadas* son siempre individuos difíciles y amargados, precisamente porque no pueden o no quieren adaptarse a las nuevas etapas o circunstancias de la vida. *Vivir es adaptarse* ya que cada día trae variantes y obstáculos a los cuales a veces debemos amoldarnos.

Hay un bello pensamiento que dice... *Señor, dame la capacidad de cambiar lo que pueda ser cambiado, de aceptar lo irremediable y la sabiduría para poder distinguir entre estas dos situaciones.*

La flexibilidad es la capacidad de entender circunstancias específicas y plegarnos para facilitar la convivencia, mostrando y usando un criterio propio que nos permite cambiar cuando sea necesario. El criterio es lo que nos ayuda a resolver problemas y a brincar obstáculos.

El enojo y la frustración no conducen a nada positivo. Es mejor ceder en ocasiones a empecinarnos ciegamente y *salirnos con nuestro capricho* cueste lo que costare. Es mucho más importante convencer ya que un convencido es nuestro aliado y un *vencido* es un enemigo.

6

LAS REGLAS DEL JUEGO

La vida es un juego.

Tiene un principio y un fin. A todos nos toca participar temporalmente en este juego de la vida.

En cualquier juego hay reglas, límites y metas. Sin estos elementos no hay juego.

Cuando se cometen atropellos o abusos se debe castigar al infractor o de plano sacarlo del juego. Puede ser demasiado peligroso.

Cada jugador tiene su turno y su propósito debe ser respetado. El juego en equipo es el más satisfactorio ya que se goza, no sólo con el triunfo individual, sino también con el triunfo del grupo.

Las jugadas se planean, se coordinan y todos apoyan al jugador que está en acción.

Ser espectador es interesante, pero participar activamente es mucho más emocionante... pues estamos en acción.

Jugar limpio es lo que cuenta, esforzándonos por dar el máximo que podamos desarrollar, respetando el reglamento hecho por nosotros para nosotros.

7

QUERER ES PODER

Básicamente cada quien vive como quiere. El que quiere trabajar, trabaja, el que quiere pelear, pelea; el que quiere crear, crea; el que quiere amar, ama.

Para lograr algo, debemos no sólo desearlo, sino hacer algo al respecto.

Si queremos saber, debemos estudiar, si queremos tener, debemos luchar por tener lo deseado. Si realmente queremos mejorar lo podremos lograr esforzándonos por eliminar los aspectos negativos de nuestra personalidad. Si deseamos triunfar, debemos enfocar nuestros esfuerzos para lograr nuestras metas; mismas que deben estar bien definidas y claras en nuestra mente.

La realización de nuestros anhelos y ambiciones es el resultado de la idea creadora puesta en acción.

Al creer firmemente, al tener fe en nosotros mismos, lograremos llegar hasta donde decidamos.

8

"LA TRISTEZA Y LA MELANCOLÍA
¡FUERA DE LA CASA MÍA!"

(Santa Teresa de Jesús)

Hay quienes suponen que el sufrimiento como estado de ánimo cotidiano enaltece. . . nada más equivocado. Es cierto que en ocasiones la vida nos lástima duramente pero no debemos permanecer en el dolor, debemos tratar de salir de él lo antes posible.

No se es más bueno porque se sufra más, yo diría que al contrario, una persona feliz trata de que los demás compartan su alegría.

Una persona alegre es como un imán; atrae a todo el mundo. Un individuo perennemente melancólico es lo contrario, un ser que destila amargura y pesimismo.

Sigamos el consejo de Santa Teresa de Jesús y en cuanto sea posible desechemos la tristeza y la melancolía y démosle cabida a la alegría.

9

ALLÍ ESTÁ

Algunos lo niegan, otros lo combaten, muchos lo aman, pero TODOS hemos pensado en *ÉL*. No hay prueba científica que lo afirme, pero sus obras están a la vista.

Se le encuentra en todas partes: en el agua, en la luz, en los bosques, pero sobre todo, en el amor.

Recibe muchos nombres: se le representa en diferentes formas —pues del SER Intangible sólo captamos algo de su Todo.

Si lo buscamos fuera, será difícil hallarlo. Debemos excavar en lo más profundo de nosotros mismos, allí en lo más recóndito de nuestro ser es donde suele encontrársele. Pero se necesita la paz del silencio para oír Su voz. Esa que te pide que ames, que perdones y que vivas para siempre jamás.

10

AQUÍ Y AHORA

Son muchos los pensadores y filósofos que nos sugieren que para vivir felices y ser realmente eficientes, debemos vivir el momento presente. Y tienen razón, debemos aceptar que muy a menudo echamos a perder momentos preciosos, pensando en posibles problemas futuros, o recordando penas y rencores pasados. Si queremos gozar el momento, tenemos que ubicarnos en el *aquí y ahora,* y cuando nos asalten pensamientos desagradables sobre el pasado, ubicarnos en el momento actual y no regresar a tiempos que ya se fueron. ¡Cuántos lamentos se escuchan después de tiempo! ¡Cuántos *si hubiera* son exclamaciones inútiles! Es mucho mejor disfrutar y hacer lo que podemos hacer *ahora* y no sufrir inútilmente por el pasado o por un futuro incierto.

Hay grupos de ayuda cuyo lema es "Sólo por hoy". Lo repiten a diario y así sus propósitos se llevan a cabo más fácilmente. SÍ: VIVAMOS HOY CON FE Y CON OPTIMISMO.

11

NO TE PREOCUPES

¿Te preocupas por el qué dirán? — ¡Mejor ocúpate de lo que tú opinas!

No te preocupes de todo y por todo . . .

Cada día trae sus problemas con sus soluciones.

No te preocupes por el mañana, mejor ocúpate HOY y el mañana resultará lo que sembraste *este día.*

Ocúpate, trabaja y soluciona tus problemas conforme se vayan presentando uno por uno, jalando un solo hilo cada vez.

Camina despreocupado y sigue siempre adelante, creando, amando, haciendo.

Lo que pasó, pasó y lo que será, será, eso nadie lo puede cambiar, entonces vamos a vivir cada día con fe y con optimismo y verás, todo saldrá mejor.

12

ASERTIVIDAD Y AUTO-SUMISIÓN

Para ser asertivo es necesario tener la fuerza de carácter y la determinación de hacer algo original por cuenta propia. Es tener la creatividad y la iniciativa para hacer algo que hemos decidido hacer.

Las personas asertivas son aquellas *que dejan huella* son seres que no se conforman con tener ideas sino que las llevan al cabo. Se necesita tener asertividad para organizar cualquier evento, para escribir una carta, para iniciar un negocio. Es asertivo el que expresa sus ideas sin miedo, el que cambia lo que considera inútil u obsoleto, el que inventa cualquier cosa.

Generalmente una persona asertiva es de carácter firme y personalidad recia. Sin embargo, aún las personas más asertivas deciden voluntariamente someterse a otra voluntad. Esto comunmente se hace cuando por admiración, respeto y amor, *deseamos* actuar de la manera que se nos pide. Por eso cuando respetamos a una persona, no nos cuesta trabajo hacer lo que nos sugiere, es más, deseamos complacerla ya que esto nos causa satisfacción. No debemos confundir la represión con la auto-sumisión voluntaria.

En el verdadero amor, siempre hay este sometimiento aceptado de muy buen grado ya que lo que se busca es agradar y complacer al ser amado.

13

"NO HAS VIVIDO EN VANO"

Si le has dado alegría a un niño, no has vivido en vano; si has consolado a un triste, no has vivido en vano; si has trasmitido algún conocimiento, tu vida tiene sentido; si has defendido al débil, no has vivido en vano. Si has aliviado algún dolor, si has regalado algo muy ansiado, si has creado algo bello y si has amado a alguien ... ¡no has vivido en vano!

14

NO TE TOMES TAN EN SERIO

¿Te has fijado en esas personas ceremoniosas y circunspectas que no se ríen ni aunque les hagan cosquillas?

Esa parsimonia y pomposidad les impide relajarse y actuar con naturalidad.

El verdadero sentido del humor está en las personas que pueden reírse de sí mismas y darse cuenta de que todos en algún momento nos hemos visto bastante ridículos y que la mejor manera de tomarlo es con sentido del humor y aprender a reírnos de nosotros mismos.

El pomposo y jactancioso es casi siempre un individuo fatuo y ceremonioso que no ha aprendido algo tan bello como es ¡REÍR!

La gente valiosa es generalmente sencilla y amable y no hace alarde de los dones que ha recibido, ya que está consciente de que todo eso que posee, no es sino un regalo o un préstamo, que en un instante se puede acabar.

15

LA FAMILIA

A todos nos gusta pertenecer, saber que formamos parte de algo. Saber que somos amados y aceptados; entonces hagamos que nuestra familia sea un grupo de amigos en donde encontremos paz, comprensión y compañía. Formemos parte de una familia en donde siempre se piense en plural y no en el "yo" egoísta.

Pensemos en el bienestar nuestro, en nuestros problemas y en nuestras satisfacciones, compartamos no sólo las ventajas de pertenecer a una familia, sino las responsabilidades, para que formando un frente unido podamos juntos enfrentarnos a los problemas de la familia en una forma solidaria y generosa.

Qué hermoso sería que toda la humanidad lograra algún día formar Una Gran Familia.

16

TU HOGAR

Tu hogar es donde está lo que amas. Es el lugar donde compartes tu amor, donde descansas y donde estudias, donde sueñas y donde compartes experiencias inolvidables.

Hay muchos que son "candil de la calle y oscuridad en su

casa", cuando lo que más debemos valorar es nuestra vida en familia.

Nuestro hogar es donde *vivimos,* ¿por qué descuidarlo? ¿Por qué no ser corteses en casa? ¿Por qué no disfrutar esos ratos que pudiendo ser muy bellos, los empañamos con caras largas, malos modos y falta de cortesía?

Inténtalo y sentirás el cambio. Da gentileza y buen humor. Disfruta tu hogar y tu familia, porque cuando ya no la tengas vas a suspirar por ella.

17

LOS NIÑOS

En los niños está el futuro del mundo. Si les damos cariño, comprensión y educación, tendremos un mundo mejor.

La mejor manera de educar es con nuestro ejemplo. Todos los padres y maestros tenemos que superarnos para que la niñez crezca y se desarrolle sanamente. Recordemos que el niño imita lo que ve. Procuremos orientarlo por medio del ejemplo y del convencimiento. *Jamás usemos la violencia* o la fuerza, pues el niño aprende lo que vive y la violencia genera más violencia y odio.

Nuestros niños necesitan muchas cosas, la primera es aceptación, el niño necesita sentirse *ACEPTADO,* necesita amor, pero también necesita firmeza para sentir seguridad

Educar no es reprimir, es orientar y corregir con mano suave pero firme.

El futuro y la fuerza de la humanidad está en los niños.

18

LA ADOLESCENCIA

Los padres desesperan cuando los hijos llegan a esta etapa de la vida. Este es un período de cambios no solamente físicos, sino mentales. El niño deja de serlo y está tratando de encontrar su propia identidad.

Ser adolescente, es carecer de seguridad en uno mismo. El adolescente necesita de la aceptación y de la aprobación del adulto —especialmente de sus padres y maestros— y desgraciadamente lo que generalmente reciben es crítica y menosprecio.

Los muy jóvenes suelen ser bruscos, temperamentales y exagerados y tratan de identificarse con grupos fuera del hogar . . .

Están tratando de ser ellos mismos y no la copia de sus padres. No cabe duda de que la adolescencia es un período de inseguridad y de transformaciones, por lo que esta etapa de nuestra vida es generalmente difícil. Sin embargo, nos queda un consuelo ya que en un poco de tiempo este período de transición pasa y aquellas agitaciones, inseguridades e insatisfacciones, empezarán a encontrar acomodo en el nuevo adulto cuya personalidad se está formando.

19

"LOS JÓVENES"

Los pesimistas y los escépticos desconfían de nuestros jóvenes, sin embargo, es claro que nuestra juventud es noble y mucho más justa que en las generaciones pasadas.

Los jóvenes de hoy tienen mucho menos prejuicios que anteriormente. Son más libres y más genuinos, buscan la justicia y la sinceridad; anhelan la paz y la armonía.

Tengamos fe en nuestra juventud y tratemos de comprenderlos: ellos necesitan de nuestra aceptación y confianza. Démosles nuestro apoyo y nuestro respeto y así juntos los jóvenes y los adultos disfrutaremos de un mundo mejor.

La mejor manera de entender a los jóvenes es compartiendo sus ideales y metas.

20

MADUREZ

Madurez es la habilidad de controlar la ira y resolver las discrepancias, sin violencia o destrucción.

Madurez es paciencia, es la voluntad de posponer el placer

inmediato en favor de un beneficio de largo plazo. Madurez es perseverancia, es la habilidad de sacar adelante un proyecto o una situación a pesar de fuerte oposición y retrocesos decepcionantes.

Madurez es la capacidad de encarar disgustos y frustraciones, incomodidades y derrotas sin queja ni abatimiento.

Madurez es humildad, es ser suficientemente grande para decir "me equivoqué", y cuando se está en lo correcto, la persona madura no necesita experimentar la satisfacción de decir "Te lo dije". Madurez es la capacidad de tomar una decisión y sostenerla.

Los inmaduros pasan sus vidas explorando posibilidades para al fin no hacer nada.

Madurez significa confiabilidad, mantener la propia palabra, superar la crisis.

Los inmaduros son los maestros de la excusa, son los confusos y desorganizados. Sus vidas son "negocios sin terminar", y buenas intenciones que nunca se convierten en realidades. Madurez es el arte de vivir en paz en lo que no se puede cambiar.

Ann Landers

21

LA ÚLTIMA ETAPA

Por si logramos tener una larga vida, creo que debiéramos prepararnos para la última etapa.

Para muchos es triste y deprimente, para los pocos que llegan a edades avanzadas con un espíritu joven, es diferente.

La vejez está en nuestra mente, más que en nuestro cuerpo. Creo que estarán de acuerdo que hay personas que son viejas toda su vida, por el contrario encontramos viejos jóvenes que siguen interesándose y *participando* activamente en este juego de la vida.

Naturalmente que debemos aceptar nuestra madurez y luego nuestra vejez con dignidad, sin embargo, el mantenernos activos nos ayudará enormemente a sentirnos jóvenes.

Viejos son los que siempre son espectadores. Viejos son los apáticos y los encerrados en sí mismos. Viejos de corazón los que ya olvidaron amar y sólo piensan en sus problemas y sus achaques.

Debemos prepararnos para esta última etapa que puede ser fructífera y feliz si cuidamos nuestra salud manteniéndonos en movimiento; alimentándonos adecuadamente y conservando nuestra actitud mental positiva.

Debemos seguir siendo "causa" es decir teniendo ideas y decisiones propias y usando nuestra experiencia para aconsejar a quien nos lo pida. Si actualmente vivimos con alguna persona de edad avanzada démosle unos minutos de nuestro tiempo y hagámosle recordar su juventud, pero sobre todo démosle la oportunidad de participar, de hacer algo útil por insignificante que esto sea. Muchos son crueles con los ancianos, pero debemos recordar aquel dicho tan mexicano que dice: "Arrieros somos y en el camino andamos... y quizá pongamos algo de nuestra parte para dar a nuestros ancianos una vida digna y decorosa, no haciéndolos sentir un estorbo, ni un problema. Practiquemos la caridad que no es más que un sincero amor al prójimo.

Recordemos a algunos grandes viejos de la edad moderna, los 3 Pablos:

Cassals
Picasso
Neruda,

y no sólo ellos, recordemos también a Churchill, a Bertrand Russell y Einstein. Todos se mantuvieron activos, todos participaban y ayudaban, todos creaban y amaban. Como dice Eric Erikson, la senectud puede ser una etapa de desesperación o bien de integración total, cuando sentimos que nuestra vida ha sido vivida plenamente.

22

LA MUERTE

La muerte es un tema prohibido. Es un tabú. Todos pensamos en ella pero pocos son los que hablan abiertamente sobre el fin de la vida del hombre. Nos da temor hablar sobre la muerte a los niños, porque no queremos asustarlos. Sin embargo el hombre debe aprender a vivir con la muerte, e ignorarla la mayor parte del tiempo.

Tal vez nos angustie tanto por lo incierto de enfrentarnos a lo desconocido. Sin embargo, cuando se ha llevado una vida plena, el miedo a la muerte desaparece.

Para los ateos, la muerte es el fin; para los agnósticos, un misterio y para los creyentes es el comienzo de la vida eterna.

La gente con sentido del humor gusta de hacer bromas sobre la muerte, tal es el caso del actor Woody Allen, quien dijo: "No tengo miedo de morir . . . solamente que no quiero estar ahí cuando esto suceda."

23

PERSONALIDAD

Se puede definir la personalidad como la suma total de las

características físicas, mentales y morales del individuo. La personalidad es resultado de la herencia y el medio ambiente. Hasta ahora hay muy poco que podamos hacer para modificar el factor hereditario.

Mucha gente piensa que ciertas características adquiridas son innatas, por lo que está confundiendo "causa y efecto". Un niño hereda muchas cosas como: color de la piel, estructura ósea, color de los ojos y sensibilidad; sin embargo, otras características como el control de sí mismo, disciplina, cortesía, puntualidad y creatividad pueden desarrollarse o restringirse de acuerdo al ambiente en que se vive. La personalidad va cambiando. Las buenas o malas influencias que recibimos muchas veces modifican nuestro comportamiento, actividades o hábitos.

Es frecuente que nos escudemos diciendo: "Lo siento pero así soy yo", tratando de disculpar defectos que PUEDEN eliminarse como arranques de ira, faltas de consideración, etcétera.

Hay libros, pensamientos, personas que logran cambiarnos, por eso es tan importante que seleccionemos nuestras amistades, lecturas y diversiones.

Espero que después de leer este corto ensayo, tu personalidad no sea idéntica a la que tenías antes de leerlo.

24

VIVIR

Sí se puede vivir mejor. Sí es posible mejorar nuestras condiciones existenciales.

Vivir es un arte y hay que aprender a vivir.

La vida con sus penas y dificultades sigue siendo hermosa. Vegetar o existir no es vivir. Cuando amamos, vivimos; cuando creamos, vivimos. Cuando sentimos, vivimos. Vivir es participar, es estar presentes, es trabajar y SERVIR. Tu vida es única, vívela plenamente.

Oscar Wilde decía que el peor pecado es la aburrición; podemos estar de acuerdo o no con él, pero definitivamente el aburrimiento es propio de los inactivos, de los apáticos que no quieren hacer ni crear, ni cambiar; simplemente esperan que alguien los vaya a entretener.

25

VIDA Y ACCIÓN

¿Cómo distinguimos a los seres vivos de los inertes? Por el movimiento. Donde hay vida, hay acción. Una persona llena de vida es aquella que está en movimiento. Es aquella que no detiene su desarrollo. Es la persona que no se conforma con observar sino que participa activamente en este Juego de la Vida.

Pero ¡alerta! hay trampas peligrosas en el ocio y el confort, y vamos cayendo sin darnos cuenta . . .

Nos da flojera salir, y por supuesto adoptamos una actitud pasiva y "cómoda" de toda inactividad.

Los seres vivos debemos estar "en circulación" para no oxidarnos. La gente se hace vieja por falta de intereses, por la inactividad y por ese horrible sentimiento de inutilidad e invalidez que permitimos nos invade.

Da el primer paso, sal de tu apatía, usa tus facultades y tu talento, por pequeño o insignificante que tu supongas éste sea. Se útil. Ayuda y ayúdate. Crea, logra, haz, cambia, modifica. En fin date cuenta que estás *vivo* y debes seguir en acción. Mira hacia adelante siempre y mantente alegre; de ti depende.

26

VIVE PARA TI

¡Qué no haya confusión! Vivir para uno no es ser egoísta o egocentrista. Vivir para uno es hacer lo que *realmente* deseamos y lo que nos produce una satisfacción genuina.

¡Cuántas veces hacemos cosas para "impresionar" al vecino, aunque a nosotros en lo personal no nos produzca ningún bienestar.

Sin embargo, primero tenemos que pensar y decidir qué nos gusta, qué anhela nuestro corazón, y qué nos da bienestar, y después de saberlo ¡Adelante! a vivir, a hacer lo que nos hace sentir felices, sin considerar lo que otros pensarán.

Si nos agrada una vida sencilla y tranquila no es obligatorio *ir* sofisticadamente con la corriente y actuar.

Mientras nuestros gustos no ofendan ni perjudiquen a nadie es válido satisfacer nuestros anhelos, siendo auténticos, genuinos y sencillos.

El relumbrón y la presunción son dignos del fatuo y vanidoso. Si tú por el contrario, eres amante del sol, del campo, de la música y de la amistad, eres rico, pues todo eso se da gratis y a manos llenas.

27

BUSCA EL TIEMPO

Busca tiempo para amar, no te llenes de afanes financieros, busca tiempo para descansar, ¡haz a un lado las prisas y quítate tu reloj!

Busca tiempo para bendecir, son muchos los dones que has recibido. Busca tiempo para el silencio, apártate del ruido. Busca y encuentra el tiempo para ver lo bello. Busca tiempo para entrar dentro de ti mismo; así te conocerás.

Busca tiempo para dar una sonrisa, un consuelo. ¡Acuérdate que el que busca ... encuentra!

28

CAMBIAR EL MUNDO

Todos queremos que algo cambie en este mundo. Hay muchas cosas que no nos gustan ... Si pudiéramos, decimos, qué diferente sería todo, pero nos encogemos de hombros y nos damos por vencidos alegando que no tenemos ni el poder ni la fuerza para cambiar cosa alguna, y seguimos quejándonos y criticando el estado de las cosas.

Sin embargo, si profundizamos un poco veremos que cada ser tiene SU mundo muy privado y muy particular, y ese mundo sí puede cambiar, si así lo decidimos.

Definitivamente, nuestra actitud hacia la gente, hacia el trabajo, hacia la naturaleza hará que tengamos un mundo mejor. Si queremos cambiar el mundo, primero debemos despertar nuestra conciencia al sentido de justicia, para dar a cada quien lo que le corresponde, sin menguar salarios ni compensaciones, ya que la desigualdad basada en el abuso debe acabarse.

Si damos y compartimos con generosidad, seremos mucho más ricos que el temeroso y *acaudalado* avaro que no duerme por temor a perder su "tesoro", mismo que tendrá que dejar irremediablemente el día de la partida.

29

MAÑANA SERÁ OTRO DÍA

Todos tenemos días muy difíciles, unos están llenos de cansancio, otros de dolor, otros de problemas. Pero así como esta realidad debe ser aceptada, tenemos un consuelo: "mañana será otro día". Cuántas veces nuestro panorama se ve triste y desalentador y súbitamente algo pasa y encontramos solución a nuestro problema y algo que parecía no tener remedio se resuelve favorablemente.

El tiempo cierra heridas y suaviza resentimientos.

Cuando nos sintamos agobiados por los problemas, el cansancio o el dolor, digamos con firmeza: MAÑANA SERÁ OTRO DÍA.

30

LA CONTABILIDAD PERSONAL

¿Le has echado un vistazo al estado de pérdidas y ganancias de tu vida?

Nuestra vida es el negocio más importante que debemos atender.

¿Estás operando con "Números rojos"? —¿Hay cuentas pendientes que pagar? —¿Has tenido ganancias y tu "capital" ha crecido?

Creo que hacer cuentas de cuando en cuando es saludable y necesario.

Reajustar, invertir nuestro tiempo, disfrutar las ganancias, todo eso hay que tomar en cuenta.

Si tienes un "socio" o "socia" hagan su contabilidad juntos, ¿Cómo va esa sociedad? ¿Se reúnen para resolver problemas que a ambos afectan? Si no lo has hecho, creo que sería una buena idea hacerlo. Tu vida es *tu* negocio. Revisa tus cuentas ¡no vaya a ser que llegues al cierre en una absoluta bancarrota!

31

LA CONCIENCIA

El hombre carga con muchas culpas y es la conciencia la que las crea.

Mientras nuestras conciencias estén despiertas podemos esperar la superación, ya que nuestro "YO" interno nos habla muy en voz baja diciéndonos cuando hemos actuado mal. Y esas verdades nos incomodan, no nos gusta reconocer que hemos hecho mal y tratamos de acallarla con justificaciones y pretextos, y así poco a poco a base de repetir el error "domamos" a nuestra conciencia y la amordazamos hasta a veces asfixiarla y callarla para siempre.

Si todavía sientes remordimientos alégrate, porque tu conciencia está viva . . . Si por el contrario crees que todo lo que haces es perfecto ¡CUIDADO! ya caíste en la trampa de la soberbia.

No es sano cargar con culpas. ¿Por qué mejor en lugar de esconderlas no las reconocemos y luego nos arrepentimos? La culpa desaparece cuando somos humildes y aceptamos nuestra debilidad.

Para escuchar la voz de *tu* conciencia, apártate unos minutos del ruido y del ajetreo y habla contigo y escucha lo que esa misteriosa voz tiene que decirte.

32

¿TE CONOCES?

Todos creemos conocernos y posiblemente sí tengamos una idea de cómo somos.

Sin embargo, nuestras profundidades están inexploradas. Raro es encontrar gente que se interese en conocerse a fondo. Casi siempre vemos la superficie y no nos gusta profundizar. Por algo Sócrates dice "Conócete a ti mismo" pues conocernos no es fácil.

Para lograrlo debemos ser absolutamente sinceros con nosotros mismos, ya que casi siempre buscamos justificación para nuestro error.

No se puede amar lo que no se conoce.

Si iniciamos un viaje hacia nuestro interior vamos a encontrar muchas cosas desconocidas: unas maravillosas que yacían empolvadas y en desuso, otras desagradables y destructoras que están minando nuestra paz interior y nuestro progreso.

Para curar hay que reconocer la enfermedad. Para mejorar hay que encontrar las fallas.

Si llegas a conocerte llegarás a amarte. Al amarnos podremos dar amor. No se puede dar lo que no se tiene, por eso se nos pide que nos amemos a nosotros mismos, para poder así, amar a los demás.

33

AMOR A UNO MISMO

La mayoría de las personas creen que se aman a sí mismas porque tratan siempre de complacerse. Sin embargo, el egoísmo es una cosa y el amor a uno mismo es otra.

No podemos dar lo que no tenemos. Es imposible amar a otros si no nos amamos a nosotros mismos. El amor a sí mismo es la propia aceptación, es perdonar nuestros errores y erradicar el sentimiento de culpa, es querernos.

Cuando empecemos a practicar el amor por nosotros mismos podremos comenzar a amar a los demás.

El egoísmo por otra parte, es una actitud egocéntrica, que hace que los individuos tomen ventaja de las demás personas, lo que es una actitud negativa que irá paulatinamente aislando a la persona egoísta haciéndola sentirse solitaria y perdida.

Todos los seres humanos tenemos cualidades valiosas. En el peor de los hombres hay algo divino, lo triste es que lo desconocen.

Tú tienes grandes virtudes que necesitan ser reconocidas y desarrolladas. Todo es cuestión de enfocar nuestra atención hacia lo positivo que cada uno de nosotros tiene.

34

LA CARIDAD

La caridad no es limosna; es amor a nuestros semejantes. Practicar la caridad es ayudar a los demás como a nosotros mismos. Un sabio proverbio dice: "Da a un hombre de comer un pez, lo hará comer solamente un día, mejor es enseñarle a pescar y así podrá comer todos los días".

Nuestros semejantes no necesitan limosnas, necesitan amor. Cuando practicamos la caridad estamos sencillamente amando.

35

COMPARTIR

No hay mentira cuando decimos que somos hermanos.

Somos diferentes, sí, pero constituimos el género humano. La especie humana. Nacemos desnudos y cuando morimos de lo material no nos llevamos nada. Sufrimos, pensamos, gozamos y anhelamos.

De una manera u otra compartimos logros y errores de otros. Nuestra conducta afecta a quienes nos rodean. Lo que sucede en una sociedad es resultado del comportamiento general del grupo. No podemos encogernos de hombros y decir "esto no es de mi incumbencia". Si realmente compartiéramos todo con nuestros hermanos no habría hambre, ni injusticia, ni abusos.

Compartir nuestras alegrías y nuestros triunfos, nuestro pan y nuestro dinero. Amar es compartir. Si los humanos nos solidarizamos en las penas y sufrimientos de nuestros hermanos. ¡Qué diferente sería nuestro planeta!

Debemos compartir obligaciones y responsabilidades así como el producto del trabajo.

Cuando se comparte se disfruta todo más. El hombre necesita unirse, necesita religarse a sus congéneres. Necesita dar y recibir, necesita reconocerse en su hermano que quizá haya tenido menos oportunidades que nosotros.

En un ser humano hay combinaciones de millones de genes, todos de alguna manera estamos compartiendo vivencias y sensaciones ancestrales. Que al decir hermano lo sintamos sinceramente, eso te deseo, ¡Hermano!

36

COMUNICACIÓN

Mantener la comunicación abierta en cualquier tipo de relación es vital.

Al cortarse la comunicación se bloquea el entendimiento entre personas. "Hablando se entiende la gente" repetimos a diario, y sin embargo, pocos son los que practican el diálogo con mente y criterio abierto.

Es muy importante usar las palabras y expresiones adecuadas para nuestro interlocutor. Es necesario estar en el nivel de realidad de cada persona. Cuando tengamos dudas debemos comunicarnos, cuando sintamos temor nos ayudará decirlo, pero comunicarse no es sólo hablar, es básico saber escuchar.

Escuchar con atención e interés a quien nos habla hará que nuestra comunicación sea completa. Recordemos que *todos* tenemos algo que decir y de *todos* hay algo que aprender.

Escuchemos a los niños, a los ancianos, a los jóvenes. El niño hablará con ingenuidad, el viejo con experiencia y sabiduría, el joven con pasión.

En este mundo tan conmocionado y tan confuso, hace falta comunicación humana que manifieste afecto, comprensión y optimismo. ¡Padres, escuchen a sus hijos! ¡Hijos escuchen a sus padres! Dirigentes escuchen a sus subalternos. Si mejoramos nuestra comunicación mejorará nuestra comprensión que es lo que nos hace falta para encontrar la armonía y la paz.

37

COMPRENSIÓN

Cuando alguien nos comprende, ¡qué alivio siente nuestro corazón! Cuando nosotros comprendemos, ¡qué claro se ve todo, con qué facilidad se disculpa y se perdona!

El gran santo de Asís decía: "Señor, que no me empeñe tanto en ser comprendido, como en comprender."

El que comprende no es rígido, ni cruel, ni egoísta. El que comprende, ve el problema tal como es, sin apasionamiento ni violencia.

Para comprender, es necesario "ponerse en el pellejo", de la otra persona, y eso no es fácil, nunca sabremos que angustias o problemas trae la persona en cuestión.

Para entender al joven, al niño, es necesario recordar lo que sentíamos cuando fuimos jóvenes y niños. En el adulto debe, caber la comprensión, porque él ya recorrió el camino, el camino que las nuevas generaciones están iniciando. Cuando algo se comprende el problema empieza a disolverse, y la luz empieza a brillar.

38

LA AMISTAD

La amistad es un tesoro. Es rico el que tiene amigos. Pero no confundamos la amistad con el oportunismo. La amistad no es utilizar a los demás o aprovecharse de nuestros semejantes. La amistad hay que cultivarla cuidando de que no crezcan malas hierbas que destruyan las flores de la amistad.

Es amigo el que da de sí mismo, el que escucha, el que comprende.

La amistad exige honestidad y sinceridad pero reditúa enormes satisfacciones como la de saber que cuando tenemos amigos nunca estaremos solos.

Aprende a ser tu mejor amigo. Ponte de acuerdo contigo mismo, acéptate y respétate.

Busca tu superación y cuando las cosas vayan mal aplica ese consejo que darías a tu mejor amigo y todo te saldrá bien.

39

CONFUCIO

Hace muchos siglos en la China de los mandarines, vivió un

hombre iluminado que alumbró el camino de millones con sus consejos y sus máximas sapientísimas.

El despertó la conciencia de sus paisanos enseñándoles la famosa *REGLA DE ORO* que dice:

"No hagas a otros lo que no quieras que te hagan a ti".

Esto lo hemos oído quizá muchas veces pero no lo hemos meditado profundamente. Si de verdad aplicáramos esta "sencilla" regla, el mundo estaría en paz.

Confucio también sugería: "Pregúntate constantemente: 'lo que hago ¿es correcto?' ya que él aseguraba que las reglas de la vida yacen *dentro* de nosotros mismos".

Entre sus máximas está la que dice "Cuídate de hacer algo de lo que posiblemente te arrepientas tarde o temprano", sugiriéndonos prudencia en nuestros actos y palabras; ya que para él era mucho mejor vivir en paz que en la amargura y la lucha.

Para Confucio el hombre Superior era aquel que consideraba los sentimientos y derechos de su prójimo y pensaba que la amabilidad era algo necesario en la vida de cualquier hombre.

Confucio no ha sido ni el primero ni el único en predicar esta sabia filosofía, Zoroastro lo enseñó en Persia varios siglos antes que él, y Jesús lo predicó en Judea 500 años después; sólo que ÉL lo transformó presentándolo en forma positiva. "Haz a otros lo que quieras que te hagan a ti" y ordenando al mismo tiempo que nos amáramos los unos a los otros como nos amamos a nosotros mismos.

40

CONTRA LA DEPRESIÓN

Se han escrito cientos de libros sobre este mal tan actual. Tal parece que es la enfermdad del siglo xx. Si estás deprimido quizá sirva el mencionar que tienes muchos compañeros del mismo dolor. Aunque no existe una varita mágica que de un día para otro nos cure para siempre, sin embargo, cuando todo nos parezca sin sentido debemos recordar que estas sensaciones de desesperanza y angustia *pasarán*.

Que si nos esforzamos por salir adelante lo lograremos tarde o temprano. A veces hasta levantarse requiere de un gran esfuerzo, pero demos el primer paso y hagamos algo que nos ayude; hay música hermosísima que tiene un valor terapéutico confirmado, la hidroterapia, el ejercicio, el trabajo, llamar a un buen amigo ayuda, pero sobre todo no perder la esperanza jamás y siempre pensar: "mañana será otro día" con nuevas oportunidades y nuevas ilusiones.

Aunque sintamos plomo en el alma, sigamos adelante con valentía, tratando de hacer algo útil que nos compruebe que somos y podemos ser necesarios y útiles y que nuestra vida tiene un propósito quizá oculto momentáneamente, pero que en el Plan Divino ocupamos un lugar preciso y único.

41

¿DÓNDE ESTÁ TU TESORO?

¿Piensas mucho en dinero? Pues ahí está tu tesoro. ¿Tus pensamientos están en el amor? Allí está tu tesoro. ¿Te absorbe tu trabajo? Ahí está tu principal valor. ¿Qué te ocupa? ¿Qué te preocupa? ¿Cuáles ideas están contigo casi siempre? ¿Qué es lo que más valorizas? Si tienes signo de pesos tus valores son materiales. Si piensas en el poder eres dominante. Si tus pensamientos son nobles y altruistas, si piensas y te ocupas en amar, tu tesoro no se acabará ni con devaluaciones ni con crisis económicas, porque lo espiritual no se acaba nunca.

Enriquécete con cosas imperecederas y serás rico y fuerte y tus riquezas estarán contigo siempre.

42

ACUÉRDATE DE LO BUENO

Cuando el cielo está gris acuérdate cuando lo viste profundamente azul.

Cuando sientas frío piensa en un sol radiante que ya te ha calentado.

Cuando sufras una temporal derrota, acuérdate de tus triunfos y de tus logros.

Cuando necesites amor, revive *tus* experiencias de afecto y ternura.

Acuérdate de lo que has recibido y de lo que has dado con alegría.

Recuerda los regalos que te han hecho los besos que te han dado, los paisajes que has disfrutado y las risas que de ti han emanado.

Si esto has tenido lo podrás volver a tener y lo que has logrado lo podrás volver a lograr.

Alégrate por lo bueno que tienes y por lo de los demás; desecha los recuerdos tristes y dolorosos; no te lastimes más. Piensa en lo bueno en lo amable en lo bello y en la verdad.

Recorre tu vida y detente en donde haya bellos recuerdos y emociones sanas y vívelas otra vez.

Visualiza aquel atardecer que te emocionó, revive esa caricia espontánea que se te dio, disfruta nuevamente de la paz que ya has conocido antes, piensa y vive en el bien.

Allí en tu mente están guardadas todas las imágenes y sólo tú decides cuáles has de volver a mirar.

43

DANDO ES COMO RECIBIMOS

¡Qué hermosa es la generosidad! — ¡Cuán agradable es el ver que la gente se desprenda de algo valioso para ella! — ¡Qué afortunado es el que goza dando ya que en sí mismo tiene una recompensa!.. El mezquino por el contrario sufre cuando tiene que dar algo, siente que le arrancan un pedazo de carne cuando suelta un billete, que viéndolo bien, no es más que un papel. El avaro y el mezquino sufren mucho y son más pobres que un mendigo, pues aunque tengan enormes "ahorros" tiemblan de miedo e inseguridad cuando tienen que gastar hasta en lo indispensable. No sólo se es mezquino con lo material, también hay sentimientos mezquinos que resienten la felicidad ajena. El hombre mezquino se justifica diciendo que el derroche y el despilfarro es lo que ellos combaten, si así fuera, estarían en lo correcto ya que el desperdiciar y el malgastar, son derroches innecesarios y estúpidos. Usar no es abusar, gastar no es malgastar, dar no es derrochar. Ojalá que el avaro y el mezquino recordaran que al final lo único que nos llevamos son nuestras buenas obras y nuestras conciencias limpias. El que ama, todo lo da, no pichicatea; su entrega es total y comparte con sus seres queridos todo lo que tiene en lo material y en lo espiritual.

Hoy más que nunca debemos cambiar nuestro mundo personal, mejorando internamente, y como por arte de magia todo empezará a cambiar.

¡Si cada individuo decidiera cambiar para mejorar, el resultado sería inmediato. Si el padre decide ser un buen padre, y la esposa decide ser una buena esposa, si los hijos aman a su familia, si el maestro decide superarse y el médico y el abogado y el industrial se dan cuenta que en la justicia y en la ética está la solución, tendremos un mundo mucho mejor!

44

CONTROLA

La ira es en la mayoría de las veces un sentimiento de rebelión hacia uno mismo. Este sentimiento indica una deficiencia interna que debemos corregir cuanto antes, porque la cólera sólo nos traerá un odio inútil que nos producirá inquietud de cuerpo y mente.

Siempre que el fuego de la indignación arde en nuestra alma, —aunque en ocasiones pueda estar justificada— fundamentalmente es estéril.

Es mejor buscar la fuerza en la serenidad, sobreponiéndose a la violencia: si lo conseguimos habremos logrado una gran hazaña —la hazaña de domar el instinto de destrucción que se aprovecha de los momentos de cólera para desatarse.

Controlar no es reprimir, es simplemente manejar nuestras emociones con madurez y responsabilidad.

45

CREATIVIDAD

La creación es arte y el arte es creación. Todos los humanos somos capaces de crear y la más alta manifestación es el arte.

¿Hay algo más artístico que una galaxia? ¡Qué composición! ¡Qué colorido! ¡Qué magnificencia!... El Creador es El Artista por excelencia y nuestra semejanza con Él, es nuestra capacidad de crear...

Hay belleza en el objeto más sencillo que podamos pensar, ya que cualquier objeto hecho con nuestras manos partió de una idea que ha podido materializarse.

Los niños son creativos por naturaleza, imaginan, crean y creen.

Aunque nuestra aportación creativa sea modesta, no dudemos en manifestar nuestra creatividad. En las cosas sencillas hay mucha belleza y todos tenemos derecho a crear, modificar, ornamentar y reconstruir.

Nuestra creatividad crece y se desarrolla en la libertad. Los niños crean cuando no se les reprime con el castigo o la burla.

En la danza, en la música, en el dibujo, en la decoración y en la receta de cocina, ¡hay creación!

Crear es hacer, inventar, interpretar; y todos podemos hacer

algo de esto, no nos conformemos con ser simples observadores
es mucho más interesante participar activamente en el Juego de
la vida.

46

CUMPLE TU MISIÓN

Estás aquí. Fuiste creado. Hay una causa por la que vives ahora. En la etapa de tu vida que te encuentres hallarás cosas que debes cumplir. Si eres estudiante, estudia y crece. Si eres adulto,
produce y sirve, si eres padre o madre, educa y predica con tu
ejemplo. Si eres rico, administra con justicia y ayuda al débil, si
eres pobre, lucha por superarte y por lograr la justicia . . . Si estás
enfermo, medita y aprovecha esa enfermedad para valorar la salud
y para acercarte a Dios.

Si eres médico cura y consuela, si eres científico investiga y
crea.

Todos tenemos una misión, una tarea que cumplir. Trabajemos
con alegría ya que nada ganamos con rezongar y quejarnos de
nuestro "sino". Por sencillo que sea nuestro trabajo, hagámoslo
con gusto para hacer de este mundo un lugar más agradable a
nuestro paso.

47

CONFORMISMO Y CONFORMIDAD

El conformista *es* perezoso, se autolimita. No ambiciona mejorar. Está estancado. Cree no merecer una vida mejor y por eso es un "conformista".

El conforme no envidia al que tiene más, pero acepta su situación como algo transitorio. Acepta lo incambiable pero lucha por mejorar. Valoriza todo lo que disfruta y sabe que no se puede tener todo, pero sí se puede tener más y sobre todo SER más.

El conforme no desespera, pero sí espera ... El conformista siente que nada puede cambiar y por eso en su vida y en su trabajo todo cae en la rutina y en la monotonía.

Debemos de estar conformes con la "dotación inicial" que se nos dio pero hay que administrar los dones que hayamos recibido para multiplicarlos.

48

"LA COBARDÍA"

Hay muchas formas de cobardía. La más común es no estar dispuestos a enfrentarnos a la vida. El cobarde es el que huye ante la presencia de un problema, conflicto o barrera.

El cobarde se esconde y no da la cara... Un problema no desaparece por el simple hecho de que cerremos nuestros ojos, por el contrario lo dejamos crecer cuando no nos enfrentamos a él.

El escapismo es una forma de cobardía y el escape se encuentra en las drogas y en el alcohol. El cobarde no quiere aceptar la realidad de un problema y embota su mente consumiendo alcohol o drogas. Cuando el efecto de éstos pasa el hombre se encuentra más débil y más incapacitado para encarar el problema, y vuelve a huir hasta no encontrar salida.

Es de valientes enfrentarse a los problemas y como dice el dicho: "Al toro se le agarra por los cuernos".

Si queremos ser individuos valientes, reconozcamos los problemas que se nos presenten y démosles una solución adecuada, en lugar de echar a correr con los ojos cerrados ya que así de seguro tropezaremos, caeremos y sucumbiremos.

49

"LAS EMOCIONES"

El hombre es capaz de experimentar una amplia variedad de emociones y éstas nos harán actuar acertada o erróneamente. Las emociones positivas son el entusiasmo, la alegría, el júbilo, la curiosidad, la ternura, el amor; y las negativas son la ira, el odio, el rencor, el miedo, la angustia, la ansiedad.

Todos estamos expuestos a sentir estas emociones; sin embargo, para no dejarnos llevar por ellas, debemos manejarlas adecuadamente, es decir, debemos controlarlas y dirigirlas. No debemos jamás tomar decisiones guiadas exclusivamente por nuestros sentimientos, pues para eso tenemos una mente racional. Los individuos que se dejan arrastrar por sus emociones, son esclavos de ellas y no podrán conducirse con éxito en la vida. Esto no quiere decir que debamos convertirnos en robots, sino que para ser equilibrados, no debemos ser presa de una emoción y que ésta nos domine.

50

LA SINCERIDAD

Algunas personas confunden la sinceridad con la grosería o la brusquedad. La sinceridad es simplemente la expresión honesta de nuestros sentimientos u opiniones. La sinceridad va más allá de la franqueza, ya que la franqueza es a veces una agresión disfrazada.

Cuando algo nos desagrada o simplemente no va de acuerdo a nuestro criterio, podemos disentir y sostener nuestra opinión pero no es necesario herir a los demás.

El tacto y la consideración no están reñidos con la sinceridad. Tratemos siempre de ser corteses aun cuando nuestra opinión difiera de la de los demás.

La brusquedad es una forma de agresión, evitémosla y usemos

la regla de oro que dice: "No debemos hacer a otros lo que no querramos que nos hagan a nosotros". Seamos sinceros, no bruscos ni groseros.

51

EL ALMA DEL HOMBRE

Desde tiempos remotos el hombre ha estado interesado en su alma. Los hombres prehistóricos creían que cada cosa, no solamente el hombre tenía un alma. Esta filosofía se conoce como Animismo Primitivo. Los hombres primitivos creían que un espíritu animaba cada cosa en la naturaleza: animales, océanos, montañas, ríos y aun que las rocas poseían un alma. Ellos creían que cuando la gente o animales estaban dormidos, su alma andaba vagando pero cuando morían, el alma salía de sus cuerpos para siempre.

Los principios de la psicología se remontan a los antiguos griegos. El significado original de psicología es "estudio del alma".

Es interesante notar que los psicólogos modernos rechazan la existencia del alma y aseguran que solamente tenemos un cuerpo y una mente que están unidos, así que el verdadero concepto de "psicología" se ha nulificado por esta idea materialista.

Sin embargo, lo más importante de todo es ¿qué piensas tú de la existencia del alma? o piensas que cuando uno muere todo termina allí. La decisión es tuya y tienes la última palabra.

52

EL MIEDO

Cuando llegamos a este mundo traemos con nosotros muy pocos miedos.

Está comprobado que un bebé sólo siente miedo cuando se le priva del apoyo físico, es decir cuando se le suelta súbitamente y se siente desprotegido. Un fuerte ruido también produce miedo en el infante y hasta allí llegan los miedos con los que nacemos. Los demás los vamos aprendiendo y acumulando y estos terrores son como cadenas que nos apresan y nos sofocan. Un hombre con miedo no se siente libre y ¡vaya si coleccionamos terrores! Tememos a la vida y a la muerte, a los animales, a los temblores, a las alturas, al amor, a la entrega, a dar, a que se burlen de nosotros, al número "13", al futuro, a perder y muchos por qué no decirlo, a Dios.

Tratemos de vencer el miedo con la fe, la confianza y la valentía; fe en que Dios nos ama sin medida, confianza en nosotros mismos y valentía para enfrentarnos a nuestros problemas, no huyendo, sino dándoles la cara.

El temor crece con la huida y disminuye ante la confrontación. Todo es cuestión de decidirlo. Enfrentarnos a nosotros mismos y así al mundo y a la vida, con optimismo y valor.

53

LA FE

Tener fe es creer firmemente en algo. Cuando estamos convencidos de algo, generalmente sucede de esa manera. Hay fe positiva que nos ayuda a lograr nuestros propósitos, pues el propio convencimiento atrae los resultados que hemos visualizado mentalmente. Desafortunadamente, también existe la fe negativa, o sea el pesimismo. Cuando creemos que todo saldrá mal y que la suerte está en nuestra contra, los resultados serán generalmente malos.

Es necesario que alimentemos nuestra fe positiva, que sintamos confianza y la proyectemos en todos nuestros actos. La fe es un don que debemos pedir. El que tiene fe no desfallece, y no pierde la esperanza.

Busca la fe y la encontrarás y eso te hará fuerte.

54

EL CAMBIO

Es natural temerle al cambio. Nos acomoda más lo que nos es conocido y familiar que lo desconocido. Sin embargo, si queremos que en nuestras vidas surjan cosas positivas, debemos introducir el cambio, tanto en nuestras actitudes como en nuestros hábitos.

Mientras no tomemos acción y hagamos algo, las cosas no mejorarán, ya que somos nosotros los que propiciamos los cambios.

Todos tenemos alguna insatisfacción. Todos necesitamos mejorar en algo. Para lograr una transformación, es necesario que introduzcamos una variante, que sustituyamos un mal hábito por otro constructivo.

Tenemos también que cambiar los conceptos a los que hemos estado aferrados y estudiar la posibilidad de establecer innovaciones, tanto en nuestro trabajo como en nuestra personalidad.

Lo estancado se pudre. La vida es constante movimiento y evolución.

Si queremos mejorar hay cosas que debemos cambiar. Acabemos con el conformismo y actuemos con decisión.

Modifiquemos nuestras vidas para que podamos hacer y realizar lo que verdaderamente anhelamos. Cuando querramos cambiar, debemos concentrarnos en nuestros aspectos positivos y debemos empezar operando cambios dentro de nosotros mismos.

Al cambiar nuestra actitud hacia la vida, la vida cambiará para nosotros.

55

EL BUEN JINETE

Si tus pasiones te dominan eres esclavo. Si tú dominas tus pasiones eres el amo.

Un hombre de carácter no es un enojón, es un hombre que sabe lo que quiere y que orienta su vida hacia la meta deseada. Nunca alcanzaremos nuestra meta si nuestras emociones, nos desvían de la ruta correcta.

Controlar no es reprimir. El buen jinete es el que no permite que un potro salvaje lo derribe. Nuestras debilidades y pasiones nos estorban para llegar a la cima. Debemos arrojar el lastre para lograr las alturas. Recuerda: Todo lo que te estorbe para tu superación debe ser echado fuera.

Tú puedes y debes ser el capitán de tu alma.

56

"LA HUMILDAD"

"En mi debilidad radica mi fuerza" decía San Pablo a los primeros cristianos, y esto nos suena contradictorio. Sin embargo, si lo analizamos veremos que al sabernos falibles y débiles no caeremos en la soberbia que es el peor de los males. En cambio al reconocer nuestras debilidades cobramos conciencia de nuestra pequeñez.

La equivocación y el error son malos en sí, pero cuando fallamos y lo reconocemos, es saludable para no caer en la intolerancia.

Para que seamos realmente humildes, necesitamos un fracaso de cuando en cuando para que nos recuerde nuestra condición humana sujeta al error y a la equivocación.

57

EL SUFRIMIENTO

Buscar la felicidad y vivir plenamente es lo que cualquier ser normal anhela. Abraham Lincoln dijo: "Cada persona es tan feliz como decide serlo". Aparentemente esto suena irreal cuando vemos tanto sufrimiento en el mundo, sin embargo, he visto personas inválidas valorando la vida mucho más que a otras que parecen tenerlo todo.

Hay dos clases de sufrimiento: el que nos hiere y nos indigna y que desde luego nos pone en guerra con la vida.

Ese es el sufrimiento *humano,* el que se rebela y crea esa sensación de desesperación que aniquila.

El sufrimiento "divinizado" es el que va más allá de lo humano, ya que trasciende la lógica del hombre. No podemos evitar el sufrir en ocasiones. No somos robots ni es sano reprimir el llanto, sin embargo, cuando se tiene fe, se puede sufrir pero con la certeza de que Dios es el amigo fiel y no nos abandonará jamás.

58

LA CRÍTICA

Todos podemos ver los errores y las equivocaciones; especialmente las de los demás. Es sencillo criticar y señalar defectos. Pero lo que nos hace falta y lo que beneficiaría a todos son personas que se esfuercen por hacer mejor las cosas.

Se necesitan gentes que ofrezcan y propongan soluciones. Personas que abran caminos y enciendan luces, y no seres que maldigan la oscuridad y los obstáculos. Y eso no es suficiente, nuestro mundo necesita gentes que nos inspiren confianza, amigos que nos estimulen a seguir adelante y no, derrotistas escépticos que nos derriben de un golpe nuestros sueños.

Se necesitan gentes que solucionen, que hagan, que inspiren y que den.

59

LAS LÁGRIMAS Y EL LLANTO

Los seres humanos somos las únicas criaturas que podemos llorar. Llorar es un alivio, una válvula de escape. Las mujeres lloran con más facilidad que los hombres y se cree que por esta razón hay menos infartos entre ellas. Eso de que "los hombres no lloran" es una arbitrariedad. Tanto los hombres como las mujeres debemos sacar nuestras tensiones y emociones a través del llanto.

Hay veces que nuestra alegría o emoción es tan grande que nuestros ojos se llenan de lágrimas, no nos avergoncemos de ellas, ya que son la forma natural de desahogar un corazón cargado de emociones.

Las lágrimas de alegría son dulces, las de dolor, amargas. Las lágrimas no sólo limpian los ojos, también purifican el alma, cuando las derramamos por el arrepentimiento.

Considérate afortunado si aun te emocionas y puedes llorar; eso quiere decir que vives y vibras, que tu corazón siente y que puedes sentir piedad, ternura y amor.

60

LA DISCIPLINA

Creo que es importante definir esta palabra que muy a menudo se mal interpreta. Mucha gente piensa que la disciplina es rigidez, rudez o inflexibilidad, que la disciplina implica temor o miedo. Pero no es así, la disciplina es algo básico en nuestras vidas. Una vida desordenada es una vida fracasada. La disciplina simplifica y facilita cualquier tarea.

La disciplina es orden y armonía, es seguir un sistema para obtener un resultado. Todo individuo debe imponerse disciplinas de cualquier índole. Necesitamos tener una disciplina mental para pensar ordenadamente, una disciplina física para tener un cuerpo sano y una disciplina ética para no caer en lo inmoral. Una disciplina es simplemente un sistema ordenado y lógico de hacer las cosas.

61

LA SENCILLEZ

Lo grande, lo bello, lo verdadero, siempre es sencillo. Veamos a una flor, una simple margarita ¡qué bella y que sencilla es! Los grandes conceptos pueden comprenderse gracias a la sencillez con que los genios los exponen.

La gente valiosa es sencilla, amable, humilde. Lo rebuscado y lo complicado es típico de los mediocres. La belleza del arte griego radica en la sencillez de su línea.

Los niños son bellos porque son sencillos, genuinos.

La petulancia y la pedantería son típicos del que sintiéndose inferior oculta su inseguridad con actitudes prepotentes y soberbias.

Lo único grande que tenemos es el espíritu, no lo hagamos pequeño con la fatuidad y la presunción. Estemos alertas para combatir estas actitudes tan indignas de un ser pensante.

62

EL PERDÓN

Perdonar es saldar una cuenta. Es dar por terminado un adeudo. Es borrón y cuenta nueva.

Los obstáculos mayores en una relación son los rencores archivados en nuestra mente.

No se puede convivir si hay rencor, el resentimiento debe ser arrancado de raíz para que lo que sembremos crezca sin obstáculos.

Perdonar es olvidar, es arrancar de cuajo algo doloroso, es curar y cicatrizar una herida.

Para vivir plenamente debemos perdonar y perdonarnos, que a veces suele ser lo más difícil de lograr. Se perdona cuando hay humildad. Cuando se reconoce que la perfección no existe en los humanos, que el mejor de los hombres falla.

Si queremos disfrutar una relación, perdonemos y echemos nuestros resentimientos a un saco roto.

Cuántas familias sufren por resentimientos latentes, cuántos días de felicidad desperdiciamos cuando no hemos perdonado a un ser querido.

63

LA PAZ

Cuando somos muy jóvenes, creemos que la paz es un estado de inactividad y aburrimiento. Cuesta trabajo entender a los adultos, que en vano suspiran por lograr esa paz, que suena como algo intangible y abstracto.

Sin embargo, conforme pasa el tiempo y en nuestra alma se van acumulando, temores, rencor, ansiedad e inseguridad, empezamos a pedir solamente La Paz, que no es inactividad, ni quietud, sino serenidad y tranquilidad internas.

Se trabaja mejor en la Paz, se piensa mejor cuando estamos serenos. Gozamos de todo lo que nos rodea, cuando nuestro espíritu está en paz. Este tesoro lo encontraremos cuando tengamos la humildad de aceptar que nunca podremos entender muchas cosas, pero que aunque a nuestro criterio parezcan absurdas e injustas, tienen una razón de ser.

64

EL "TONTO" DE LA COLINA

Afortunadamente para este mundo enfermo, aparece de cuando en cuando un "tonto" que predica el amor, el perdón y la paz. Estos "tontos" se alejan del bullicio y el escándalo y con serenidad observan como el mundo gira sin parar, siguiendo su trayectoria cósmica.

Los "inteligentes" en su afán de poder, queman, destruyen y matan; son hombres respetables de negocios que no se detienen ante nada con tal de seguir teniendo más y más.

Si escucháramos la voz del "tonto" que no habla de las cosas que no se ven, como son la paz, el honor y la dignidad, este mundo estaría mejor.

Los profetas, los filósofos, los filántropos, son estos "locos" que tratan de hacernos ver que el hombre es mucho más que un animal racional, es un espíritu que necesita elevarse para no caer más bajo que las mismas bestias salvajes.

65

¿ERES MADURO?

Si sabes reconocer tus errores, eres maduro. Si no te tienes compasión, eres maduro. Si no te dejas llevar por tus "arranques" eres maduro. Si das la cara a los problemas y tomas decisiones firmes, eres maduro.

Si respetas las ideas y costumbres de los demás, eres maduro. Si puedes ser prudente ante situaciones críticas, eres maduro. Si expresas tus opiniones cuando te las piden, eres maduro. Si te comunicas contigo mismo y te analizas objetivamente, eres maduro.

Si no le echas en cara sus errores a los demás, eres maduro. Si eres capaz de perdonar y perdonarte, sí conoces lo que es madurez. Si puedes posponer un placer inmediato y evitar así serios problemas, eres maduro.

66

LA PATRIA

La patria no es nada más una palabra que suena bonito; es nuestro hogar, familia, amigos. Es los paisajes que amamos, la libertad que gozamos y el suelo que pisamos. Pero como en todo, debemos pensar no en lo que nuestra patria nos da, sino en lo que podemos darle a ella.

El tener una patria implica una responsabilidad de trabajar y luchar por ella, así como también obedecer sus leyes. Si todos sus hijos nos sintiésemos responsables del bienestar de todos, habría menos injusticia. Si el que tiene demasiado compartiera, no digamos su riqueza, sino lo que sobra, no habría miseria. Si en lugar de demagogia hubiera verdadero amor a nuestra patria no habría ni corrupción ni egoísmo ni destrucción.

¿No sería hermoso que algún día todo el planeta Tierra fuera nuestra patria?

67

LOS MEXICANOS

Nosotros los mexicanos tenemos razones sobradas para enorgullecernos de nuestra nacionalidad. Somos un pueblo que tiene una historia y una cultura ancestrales. México, posee grandes tesoros artísticos que nos deben hacer sentir orgullosos. Tenemos también una tradición y una historia llena de valores humanos. Actualmente se ha olvidado lo que fuimos y no proyectamos tampoco lo que podemos llegar a ser.

Usando nuestra razón e inteligencia y aprovechando nuestros recursos intelectuales y humanos, podremos llegar a ser una nación culta y consciente de su responsabilidad mundial.

Pero para lograr esto, todos los mexicanos tenemos el deber de educar a las personas que han tenido menos oportunidades ya que la educación y la cultura son la salvación de nuestro pueblo para poder lograr un desarrollo no únicamente económico sino moral e intelectual.

68

LOS PRIVILEGIADOS

Los que tenemos todo, nos olvidamos de los millones de gentes que no disfrutan de todas esas cosas que creemos merecer.

¡Qué disgusto nos causa cuando de casualidad no hay agua! y ¡Cuántos millones tienen que acarrearla mientras nosotros la desperdiciamos irresponsablemente!

Imagina que vives en una barraca hecha con hojalata, cartón y desechos, que no tienen ni gas ni teléfono, electricidad ni agua corriente. Tus hijos andan descalzos y no hay dinero si necesitas médico y hospital. ¿No crees que odiarías a los ricos opulentos y egoístas que derrochan lo que tantos necesitan?

No hay más ciego que el que no quiere ver; y los ricos desvían su mirada de la pobreza ... les molesta ese espectáculo, y no hay más sordo que el que no quiere oír, y el opulento cierra sus oídos a las voces angustiadas de los marginados y desvalidos.

He visto a ricos "regatear" el precio de una bella artesanía hecha por un indígena, he visto a millonarios aprovecharse del trabajo de los pobres, escatimándoles la justa paga.

No necesitamos ser comunistas ni socialistas para remediar la injusticia, sólo debemos amar a nuestro prójimo.

69

LA MUJER ACTUAL

Las mujeres representamos a más del 50% de la población mundial y nuestra influencia se hace sentir más fuertemente cada día, por eso nuestra responsabilidad aumenta constantemente ya que hemos cobrado conciencia del papel que actualmente jugamos en el mundo.

Se culpa al hombre de un sin fin de defectos, pero si nos preguntamos quién forma al hombre, tendremos que aceptar que somos las mujeres quienes les damos educación y forma. Las madres "abnegadas" que sufren en silencio están dando una imagen falsa de lo que la mujer debe ser. La mujer debe ser libre, no libertina, pero para lograr su independencia la mujer tiene que prepararse intelectualmente para ser autosuficiente y dejar de ser "la mártir" que soporta todo por no poder bastarse a sí misma.

En la mujer, se conjugan cualidades únicas. La mujer es fuerte y sensible, apasionada y tierna, dócil y graciosa cuando quiere.

La inteligencia de una mujer *no* es inferior a la del hombre, es quizá diferente.

La mujer debe renovarse y "revelarse" es decir mostrar su verdadera esencia. Debe ser complemento importantísimo del hombre no enemiga o rival.

Ser Mujer es un reto que debemos superar con dignidad demostrando nuestra capacidad.

Ser Mujer es un privilegio ya que somos las "socias" en el proceso divino de la creación.

70

¿ERES UN HOMBRE?

¿Buscas la justicia? ¿Persigues la virtud? ¿Amas en verdad a tu patria? ¿Proteges a los débiles? ¿No pierdes el ánimo en la adversidad? ¿Eres pacífico? ¿Te gusta servir, pero odias el servilismo? ¿Eres prudente al tomar decisiones? ¿Practicas la moderación y evitas los excesos? ¿Mantienes tu palabra y la respetas? ¿Ambicionas la superación pero no eres codicioso? ¿Evitas la crueldad y la combates? ¿Respetas a la mujer de la condición que ésta sea? ¿Eres viril sin presumir de "macho"?

Tú, juzga por tus propias respuestas.

71

ES HORA DE POLITIZARNOS

Desgraciadamente para muchos en México y en países de Latino América, el ser político no es signo de honorabilidad. La gente "decente" evita entrar en política, pues la reputación de numerosos políticos es deplorable.

Para muchos el decir "fulano es político" es sinónimo de ser oportunista, deshonesto y corrupto. Siendo que es deber de todos los mexicanos responsables, participar activamente en actos políticos. Denunciar abusos, injusticias, actos deshonestos, etc., es también deber de todos los ciudadanos.

Ojalá que la gente honorable decida hacer algo por su patria y no concretarse a atender sus intereses personales exclusivamente.

Necesitamos personas no solamente capaces, sino honradas que tengan el deseo ferviente de *servir* a su prójimo, que al fin de cuentas es lo que "hacer política" significa: Servir al pueblo.

72

LA ADULACIÓN

¡Qué bonito es oír cosas agradables acerca de nosotros! y qué pronto nos acostumbramos al halago . . . La alabanza, es una música dulce a nuestros oídos y en poco tiempo queremos escucharla de todos. Cuando un halago es genuino y sincero nos estimula; cuando lo que se escucha es adulación, marea y ensoberbece... Alguien decía, que el que goza con la adulación es digno del adulador; ya que en la adulación hay siempre hipocresía, mentira e intereses escondidos.

¡Pobres de los ricos, pobres de los poderosos! para ellos es casi imposible saber si alguien realmente los estima o los admira, o si verdaderamente tienen un amigo. La adulación es como una droga que convierte al adulado en "adicto" a la lisonja y la alabanza constante y desmedida.

El poder enferma al poderoso, echemos un vistazo a la historia y veremos todos acaban locos, fuera de la realidad, ahí está Nerón que aunque parezca extraño fue un joven normal. Fue el servilismo de sus súbditos y la adulación lo que lo convirtió en el monstruo de maldad que llegó a ser; y como él muchos en la historia. No escatimar la palabra de estímulo para reforzar una conducta positiva es loable, pero adular para conseguir algún fin es detestable.

73

EL FUTURO

El presente es el resultado del pasado, y el futuro será el resultado del presente. Hay que vivir y trabajar hoy, pero debemos planear un mañana mejor. Nuestro futuro es todavía incierto pues no estamos realmente conscientes de nuestro presente.

Para resolver los problemas a que tendremos que encararnos, es necesario primero reconocerlos, plantearlos y resolverlos. Hay problemas tan palpables que no podemos ignorar, como son la sobrepoblación y la contaminación; hay otros menos notorios, como el abuso de drogas, la violencia y las guerras aisladas. Muchos científicos están optimistas y piensan que nuestro problema alimentario estará resuelto, ya que la ciencia y la tecnología utilizarán todos los recursos posibles, como son los productos del mar con el cultivo de algas en los océanos, así como la producción de alimentos hechos con petróleo y minerales. De la Luna y otros planetas también se traerán minerales nuevos que producirán grandes cantidades de comida.

Los desiertos se harán fértiles, pues los gigantescos icebergs se llevarán ahí y el agua será utilizada para la agricultura. Recordemos que el ingenio del hombre no tiene límites y si se utiliza para el progreso, podremos resolver casi cualquier problema.

74

FILOSOFÍA

Filosofía significa "amar la sabiduría", por tanto un filósofo es una persona que desea conocer todo acerca de todo, principalmente lo relacionado con su origen, su propósito y su destino final. Un filósofo es aquel que ama el saber.

Pero ¿Qué es sabiduría? una persona puede ser ser sumamente

culta y no por eso sabia. Se dice que el que es sabio es por que se preparó para ver las cosas como realmente son, más allá de su mera apariencia. Ser sabio es tener oídos para escuchar y ojos para ver.

Un filósofo se adentra hasta lo más escondido del significado de cada cosa. Un filósofo ve el mundo como un todo de la vida en general, las causas y efectos. El filósofo no se detiene ante ninguna barrera, él tiene curiosidad de averiguar realmente la duración del tiempo, si el mundo ha tenido un principio, si va a tener un fin. Se interesa en saber sobre el hombre y su destino, piensa si existe un Dios y busca las razones.

"El filósofo, dijo Platón, es el espectador de todo el tiempo y de su existencia."

75

INTEGRIDAD

Ser personas íntegras es el deseo de cualquier gente con conciencia.

Para lograr la integridad hay que recorrer un camino en donde encontraremos oportunidades de satisfacer nuestro egoísmo a costa de otros, si no lo hacemos habremos logrado iniciar nuestro proceso de integridad.

Habrá ocasiones en que la mentira pareciera resolver una situación problemática, pero si optamos por la verdad, habremos dado otro gran paso hacia esa nuestra meta, que es lograr ser "de una sola pieza", cuando defendemos al débil y con valentía nos enfrentamos a grupos poderosos, ya vamos bien por el camino de la integridad.

Cuando el hombre sabe y siente que trabaja y sirve a un ideal y no se desvía de sus metas afrontando problemas y brincando barreras al fin ha logrado ¡SER ÍNTEGRO!

76

JUSTICIA

Justicia es dar a cada quien lo que le corresponde.

Ser justo es ponerse en el lugar de la otra persona y entender su sentir. Practicar la justicia es no exigir más de lo que merecemos.

Practicar la justicia es retribuir y distribuir equitativamente lo existente.

Ser justo es ser moral.

La persona justa nunca abusa de los demás, nunca se aprovecha del trabajo ajeno, nunca arrebata lo que pertenece al débil. Ser justo es no dejarse cegar por el egoísmo, ser justo es respetar los derechos de los demás, ser justo es sentir que todos los seres humanos deben de tener las mismas oportunidades para desarrollarse y progresar.

Una persona justa no abusa de su fuerza o su poder, por el contrario la utiliza para defender al débil o al oprimido.

77

LIBRA TU BATALLA

CADA día tenemos que librar una batalla. Cada amanecer tenemos que tomar decisiones. Todos los días tenemos que luchar para lograr algo; no necesariamente material, sino algo interno que necesitamos dominar.

El hombre tiene muchos enemigos, pero generalmente su peor enemigo es él mismo. Es a uno mismo a quien debemos vencer, ya que nuestra dualidad espiritual y física están en constante competencia.

Nuestros apetitos desordenados, nuestra vanidad y soberbia, nuestro recalcitrante egoísmo, siempre quieren llevar la batuta y dirigir nuestras vidas (y casi siempre lo logran). Pero adentro, muy adentro está el verdadero yo, el que nos aconseja prudencia, trabajo y humildad.

78

RELACIONES HUMANAS

El arte de la convivencia armoniosa es el resultado de unas Relaciones Humanas positivas.

El ser humano es un ente gregario por naturaleza, es decir es sociable, necesita vivir en un grupo y sentirse aceptado. Necesita pertenecer y participar, ¿de qué le sirve al hombre tener grandes conocimientos técnicos o científicos si no sabe vivir ni convivir?

Es más fácil ser amable que ser hosco. Las personas bruscas o agresivas, no están mostrando más que miedo y disgusto hacia ellos mismos.

Confunden la amabilidad con la debilidad. Temen mostrar su afecto por miedo a ser rechazados.

Tenemos dichos tan antiguos como la humanidad y que encierran una enorme sabiduría como la "REGLA DE ORO" que dice: "No hagas a otros lo que no quieras que te hagan a ti". Suena y es una regla sencilla, sin embargo muy poca gente la pone en práctica. Nuestro ciego egoísmo nos mal aconseja e impide que las relaciones interpersonales sean satisfactorias y placenteras. La falta de consideración hacia los demás, crea serios problemas humanos, el egoísmo enfermo nos aisla de nuestros hermanos. Dale Carnegie dice que podemos aprender mucho del perro, quien no escatima su afecto ni su cariño y da siempre una cálida bienvenida a sus amos.

Cuando logramos madurar, se da comprensión y se trata de ver las cosas desde el punto de vista de la otra persona. No es tan difícil detenerse a pensar; ¿cómo me sentiría yo si me hicieran esto o aquello? Un cálido apretón de manos, una sonrisa, una palabra amable, no cuestan nada y sin embargo nos harán ricos en amistad.

79

ROSTROS

¿Te has puesto a observar a la gente? ¿Te has fijado en su expresión? ¿Has notado que en todas partes hay rostros que denotan diferentes emociones?

Sal a la calle y detente a mirar, verás que todavía hay caras alegres sonrientes, esa gente tuvo un buen día, una sorpresa agradable, una ilusión. Hay rostros preocupados, con el ceño fruncido, serios, quizá encerrados en sí mismos. Estas personas acaso tienen problemas de familia, de trabajo, de dinero. Están preocupados tratando de resolver su problema.

También vemos rostros soñadores, de idealistas, de gente que quisiera cambiar el mundo . . . . . mirando hacia arriba, al cielo. Expresiones agitadas, febriles de gente ocupada que trabaja y se olvida de lo que le rodea.

Pero lo más triste es cuando vemos ojos nuevos, pasos sin rumbo, rostros aburridos, vacíos, sin metas, ni propósitos, ni planes, ni proyectos, simplemente vegetando, sin vitalidad, ni objetivo alguno. Ahora, mírate a ti mismo; ¿Cómo te ves?

80

¿SABES MANEJAR TUS EMOCIONES?

El hombre es capaz de experimentar una amplia variedad de emociones y éstas nos harán actuar acertada o erróneamente. Las emociones positivas son el entusiasmo, la alegría, el júbilo, la curiosidad, la ternura, el amor . . . y las negativas son la ira, el odio, el rencor, el miedo, la angustia, la ansiedad.

Todos estamos expuestos a sentir estas emociones; sin embargo, para no dejarnos llevar por ellas, debemos manejarlas adecuadamente, es decir, debemos controlarlas y dirigirlas. No debemos jamás tomar decisiones guiadas exclusivamente por nuestros sentimientos, pues para eso tenemos una mente racional. Los individuos que se dejan arrastrar por sus emociones, son esclavos de ellas y no podrán conducirse con éxito en la vida. Esto no quiere decir que debamos convertirnos en robots, sino que para ser equilibrados, no debemos ser presa de una emoción y que ésta nos domine.

81

SEXUALIDAD Y AMOR

La persona reprimida emocionalmente o sabe amar. Confunde el sexo con la sexualidad amorosa. El reprimido es promiscuo; no se entrega a una persona por miedo a la apertura espiritual. Usa el sexo y se burla de el.

En la entrega amorosa no hay tú ni yo, al fundirse uno en otro el egoísmo se elimina y sólo se piensa en gratificar al compañero amoroso.

Nuestro cuerpo está dotado de un alma y esto lo hace valioso y útil, pero el reprimido no lo respeta. Lo embota con alcohol y drogas para no tener plena conciencia de sus actos.

El promiscuo, el que disfruta de la pornografía jamás conocerá la profunda intimidad, la paz y la alegría que produce el amor conjugado sólo entre dos seres.

Una sexualidad sana, es una fuerza extraordinaria que se nutre y llega a su culminación sólo en el amor, que bien entendido no es más que respeto, admiración y disfrute en otra persona.

La "libertad sexual absoluta" no es sino una máscara que oculta brutalidad e insensibilidad en una jungla de egoísmo.

Amar sin "calcular" entregar sin "contar" complacer a nuestra pareja: eso es lo que falta en este siglo de egoísmo y posesión material.

Aprendamos a amar, dando y respetando.

82

TODOS SOMOS RESPONSABLES

Todos somos responsables de lo que ocurre a nuestro alrededor. Unos más que otros, desde luego. —A mayor autoridad mayor responsabilidad— sin embargo, cada uno de nosotros puede y debe hacer algo para cambiar las situaciones de miseria e injusticia que encontramos por donde quiera. Muchos queremos cambiar al mundo. Pero para cambiar al mundo debemos primero cambiar *nuestro* mundo interior.

La "Sociedad" no es más que la proyección del individuo. Si muchos individuos cambiamos, cambiará la sociedad. Si cada uno de nosotros cumplimos nuestras responsabilidades y tratamos de tener un mundo mejor, de seguro que lo lograremos.

83

QUEDA POCO TIEMPO

Amigos, cuántas veces dejamos que un mal entendido nos aleje de un amigo y nos decimos: "algún día lo aclararé" . . . y los días y las semanas pasan y se juntan años de distancia.

Muchos hemos mantenido rencillas vivas cuando ya era tiempo de sacrificar nuestro orgullo y eliminarlo de una vez, liberándonos de ese tonto rencor que nos limita al grado de sentirnos obligados a atravesar al otro lado de la calle para no toparnos con nuestro "enemigo" cuya ofensa fue tan insignificante en ocasiones, que ya olvidamos el motivo por el cual peleamos.

¡Qué mal nos sentiríamos si nos enteramos que esa persona que puede ser amiga muriese el día de mañana!

Que mezquinos somos, pues pudiendo complacer o elogiar a alguien que necesita una palabra de aprecio, preferimos apretar la boca como si las buenas palabras nos desgastaran, cuando por el contrario, el elogio sincero enaltece a quien lo brinda de corazón.

Si pensáramos "queda poco tiempo" quizá nos reconciliáramos con tantas gentes buenas que sólo esperan se les dé una oportunidad.

La generosidad en el perdón nos procurará contento y paz y el mundo será un lugar más habitable y humano para todos.

Perdonar y olvidar es cuestión de decisión. Qué les parece si echamos en saco roto rencillas y rencores y recordamos lo que dijo Alexander Pope: "Pecar es humano, perdonar es divino".

La vida es demasiado corta para empequeñecerla.

84

PERO ANTE TODO, CONTIGO MISMO SE SINCERO

Este pensamiento de Shakespeare encierra una enorme sabiduría.

Nos dice que debemos ser honestos con nosotros mismos, que debemos hablarnos con la verdad, para reconocer nuestros defectos, errores y debilidades. Solamente los espíritus nobles reconocerán humildemente sus errores, sin culpar a otros de sus fracasos.

Además, cuando somos sinceros con nosotros mismos, viene como consecuencia lógica que lo seremos con los demás. El primer paso hacia la superación, es el reconocimiento de nuestros errores. No se puede corregir lo que pasa inadvertido a nuestros ojos. Por eso empecemos a observarnos, para conocernos más y así poder llegar a valorizarnos.

85

POR AMOR

Por amor hacemos lo que creíamos que era imposible. Por amor soportamos penas y dolores "insoportables". Por amor damos lo que para nosotros es más preciado y valioso.

Por amor no hacemos lo que más difícil es dejar de hacer.

Por eso cuando amamos podemos dejar aquel vicio o aquella debilidad, podemos hacer lo que se pensaba inalcanzable, podemos desprendernos de lo más preciado y podemos perdonar, cuando hemos sido profundamente lastimados.

Amar es vivir, es vibrar, es compartir y entender, es respetar y admirar. Entre más ames y más seres reciban tu cariño más vivirás. El que ama irradia amor y quiere el bien para todos.

86

NO ES FÁCIL

No es fácil pedir perdón cuando hemos fallado. No es fácil admitir nuestros errores. Ni volver a empezar cuando "nuestro mundo" se nos ha derrumbado. Tampoco es fácil ser constante y considerado. Ni lo es tener éxito y prosperidad y no envanecernos por ello.

No es fácil dominar nuestras pasiones y nuestras debilidades.

Nada de esto es fácil, sin embargo, puede lograrse ya que lo valioso, se obtiene con esfuerzo y no yendo por el camino fácil.

87

NACER DE NUEVO

Quiero nacer de nuevo ¡quiero vivir! Quiero olvidar lo muerto y resurgir. Quiero dejar atrás mis desaciertos y mis rencores, mis ansiedades y malos humores. Quiero nacer de nuevo para brindar a todos mis hermanos los humanos mi caridad. Mi caridad no limosna, ya que esa ofende. Quiero brindar amor a mis semejantes.

88

LA SOLEDAD

Hay soledades que oprimen el corazón; sobre todo la soledad de dos, que aunque físicamente juntos, están a años luz de distancia, ya que su comunicación está cortada. Esta soledad proviene del sentirse ignorado, insignificante, innecesario y este sentimiento es terriblemente cruel. Pero uno no está solo, si miramos dentro de nuestro corazón veremos que la Chispa Divina habita en nosotros y que al buscar compañía encontraremos que la felicidad y la tranquilidad viene de adentro. Podemos buscar y encontrar muchos motivos aparentes por los cuales justificamos nuestra triste soledad.

Pero ese sentimiento de abandono nos invade, sólo cuando no le hemos abierto las puertas de nuestro corazón al que todo lo da y al que todo lo puede, a nuestro Padre y amigo, a nuestro Buen Dios. Y así en su compañía dialogando con Él confiándonos a Él, encontraremos esa compañía, fiel y constante que nos dará la Paz.

Ensáyalo, no tengas miedo, habla con Él y sentirás sin duda que Él *sí* te escucha.

89

QUIÉRETE

Quiérete bien, para quererte, conócete. Para conocerte entra dentro de ti y obsérvate. Acepta tus errores y perdónate, como perdonas a tus seres queridos.

Se tu mejor amigo. Cuando hables con tu "yo" interno, compréndelo y reconoce tus logros y tus aciertos. Felicítate cuando logres alcanzar tus metas. Aconséjate cuando sientas que andas mal. Cuida tu cuerpo. Limpia tu mente. Ríe, goza de lo que tienes y no pretendas lograr la perfección, confórmate con la superación.

Recuerda tus logros, confía en ti, hay una chispa divina que te hace más valioso que soles y estrellas. Vive plenamente y erradica los pensamientos que te lastimen. Ámate con sencillez sin egoísmos y cuando falles no te desesperes ni te rindas, tente la paciencia que les tienes a otros. Quien bien se quiere sabe querer. Quien se respeta sabe respetar. Amarse a uno mismo es un bello mandato que todos deberíamos obedecer.

90

¿QUÉ DEJO A MIS HIJOS?

Quisiera dejar a mis hijos una Fe inquebrantrable en el amor.

Quisiera que su herencia fuera la bondad, la fortaleza y la comprensión.

Quisiera que ellos forjaran su felicidad basada en los valores eternos como son la justicia, el Perdón y el Respeto.

Mi mayor anhelo es dejar en ellos la convicción de que su vida tiene una razón de ser y de que forman parte de un Plan Eterno y Universal.

Le deseo Paz y Bien, aún en medio de la tempestad y espero que este legado lo reciban con un corazón generoso abierto hacia el amor.

91

LOS PREJUICIOS

Que si fulanito es ateo . . . Que si zutanita es comunista, que si los negros son inferiores . . . que si los blancos son mejores . . .

Que los fulanos son divorciados . . . que si el vecino "comete pecado"... que si los judíos son esto o aquello, que sólo nosotros estamos en lo cierto...

¡Qué vanidades! ¡qué ceguera y confusión!

Vive y deja vivir. *Piensa* y deja pensar. Los que prejuzgan son insensatos ya que para juzgar tendríamos que estar en los "zapatos" del enjuiciado, y ¿por qué creer que sólo nuestro criterio es válido?

92

LOS PROBLEMAS

El hombre está hecho para resolver problemas. No puede vivir sin ellos y necesita el reto que representa solucionarlos; cuando hay ausencia de éstos el hombre se los crea, ya que la mente humana está construida para darle solución a situaciones complicadas. Por eso, cuando nos sintamos agobiados por problemas, no desesperemos, simplemente tomemos uno a la vez y empecemos a desenredar la maraña. Cada problema resuelto es un logro que nos hará más fuertes y más seguros, y el recuerdo de nuestros *triunfos*, nos dará mayor confianza en nosotros mismos.

Veamos a los problemas como retos y no como tragedias. Aún en medio de los problemas puede haber paz interior y es precisamente cuando estamos serenos que podemos resolverlos.

No hay por que temer a los problemas, es mucho mejor aceptarlos y resolverlos de la mejor manera posible.

93

MANDAR Y OBEDECER

Tanto mandar como obececer son cosas desagradables. El que manda impone su voluntad y la persona que obedece se somete ante la orden de la persona de mayor poder.

La persuación es mucho mejor táctica que imponer órdenes. Persuadir es convencer por medio de la razón. Usando la persuación obtendremos mejores resultados, pues las personas estarán deseosas de cooperar, pues sentirán que realizan su trabajo por su propia voluntad sin haber sido obligados, esto es motivar a las personas.

Sugerir es mucho más conveniente que ordenar. La mayoría de los humanos aceptamos sugestiones con agrado, mientras que rechazamos la imposición.

Cada vez que queremos obtener algo, usemos el poder de la persuación y pueden estar seguros que obtendrán mejores resultados.

Obedecemos cuando sentimos que la orden es justa. Nos rebelamos cuando sentimos que algo es injusto.

Hay un tiempo para obedecer y otro para mandar. Saber mandar es conducir con firmeza pero sin violencia. Saber obedecer es dejarse llevar con la confianza de que estamos en buenas manos.

94

MI PADRE

Mi padre no tuvo dinero, pero fue rico. Mi padre no fue un santo pero fue bueno, mi padre nunca abusó, mi padre fue un buen amigo. Así como el mío ha habido muchos, sencillos, hombres serenos. Mi padre no buscó honores pero los tuvo. Mi padre dio buen ejemplo. Los padres así no mueren, viven adentro, adentro del corazón y de nuestra mente. Sí, mi padre fue ¡MI MAESTRO!

95

EL REINO ANIMAL

Poca es la gente que medita sobre la nobleza de los animales. El hombre aprovecha, utiliza y consume a los animales, el animal se somete con humildad y constantemente brinda su vida y su cuerpo para alimentarnos. El hombre civilizado ama a los animales. Los respeta, no los aniquila ni los tortura.

Ya que aprovechamos tantas cosas de los animales, por lo menos debemos evitarles sufrimientos.

Un animal tiene un cuerpo y un sistema nervioso que percibe y siente el sufrimiento.

No los maltratemos inútilmente, no nos endurezcamos y nos insensibilicemos pensando que un animal no siente. Como seres humanos que somos debemos pensar racionalmente y respetar a los animales.

96

EL MEJOR AMIGO DEL HOMBRE

Quien ha tenido un perro conoce la amistad.

Los perros son compañeros gentiles que intuyen nuestros sentimientos. Ellos siempre nos saludan afectuosamente y demuestran su cariño genuinamente y sin inhibiciones.

Los perros son nobles, agradecidos y cariñosos. Son tan inteligentes que aprenden diferentes trabajos; hay perros pastores, guardianes y guías. Hay perros detectives que con el olfato persiguen a los criminales. Pero su más bella función es la de amigo y compañero de los niños, su miedo nocturno desaparece cuando tienen a su perro junto a ellos.

El perro muy merecidamente recibe el título de "El mejor amigo del hombre".

Si nos preciamos de ser un país civilizado debemos evitar el que miles de perros callejeros sufran calladamente la crueldad de los insensibles.

He leído por ahí un letrero que dice "no sé si los animales piensen, lo que sí sé es que los animales *sienten*.

97

TENER

El dinero no es ni bueno ni malo, es un medio para obtener cosas. En sí no vale nada. El que lo esconde y atesora está parando su flujo y se conoce como un miserable a quien le duele desprenderse de unos papeles impresos.

El dinero es como el fuego, puede servir para forjar y proteger o puede destruir y envenenar.

Cuando amamos deseamos compartir y repartir para que todos disfruten de un bien. El compositor comparte su satisfacción al publicar su música, el pintor al exhibir sus cuadros, el filósofo sus ideas, el maestro sus conocimientos.

¡Dar! ¡Servir! ¡Ayudar! ahí están los grandes tesoros.

98

TIEMPO

El tiempo es un elemento precioso y desgraciadamente es un recurso no "renovable". Cuando hemos gastado o malgastado nuestro tiempo no hay manera de reponerlo. El tiempo es mucho más que el oro, el tiempo es el material con el cual está hecha la vida. Cuando se nos acabe el tiempo es que nuestra vida también terminó. Usemos nuestro tiempo sabiamente, haciendo todo a su tiempo. Hay que saber dar, amar, reír y construir a tiempo.

Debemos darnos cuenta de cuán importante, es, llegar a tiempo y ¿por qué no? ¡Retirarse a tiempo!

99

NUNCA ES TARDE PARA APRENDER

El que piensa que es demasiado viejo para aprender, ¡quizá lo ha sido siempre! La vida nos ofrece oportunidades de aprender a diario.

Aprender es un reto; nos exige atención, interés y constancia. Aprender es renovarse y superarse. Siempre hay algo nuevo, siempre hay cambios. El que se mantiene al día y bien informado no envejece, porque está alerta y participa y comparte, los eventos que a diario acontecen.

Siempre hay formas mejores de hacer las cosas. Los viejos son los que no evolucionan, los que se niegan a aceptar el progreso.

Oí por ahí decir a una extraordinaria cupletista española "Que yo no soy vieja, soy una joven de otra época", y así era porque ella se renovaba y aprendía algo cada día.

El estar interesado en algo, demuestra nuestra curiosidad y nuestro deseo de saber más, de conocer más acerca de la gente, de la vida, del arte o de la ciencia.

No te fijes en cuántos años tienes, sino en cuántas cosas te interesan, y en esa medida serás interesante para otros.

100

LA PERSEVERANCIA

Las obras más grandiosas se llevan a cabo no por la fuerza, sino por la perseverancia, el logro es resultado de ésta. Nosotros seremos juzgados por nuestras acciones, no por nuestros pensamientos. Es necesario mantener en mente nuestras metas para dar un paso cada día.

El logro produce satisfacción y fortalece la confianza. Las grandes obras son el resultado del trabajo constante. Los pensamientos producen sucesos. Es más, los sucesos se crean de antemano en los pensamientos. He ahí la importancia de pensar siempre en función de nuestras metas. Lo que hace monótona la vida, es la falta de un motivo. Por eso tengamos siempre un propósito que nos mueva a lograr el éxito en nuestras empresas, e insistamos sin desanimarnos por los obstáculos que podamos encontar en nuestro camino. Lo valioso cuesta. Si queremos lograr algo que vale la pena, debemos predisponernos a que nos costará trabajo lograr nuestro objetivo.

101

LIBROS, LOS MEJORES COMPAÑEROS

El mundo de los libros no tiene límites. Con ellos y en ellos podemos revivir el pasado y las cosas que sucedieron hace miles de años. Los libros nos pueden hacer vibrar de emoción y también compartir las penas y las alegrías de generaciones pasadas.

Cuando leemos podemos visualizar el futuro, soñar con lo que será y que posiblemente no veremos, pero yace latente en la mente del hombre.

El que ha entrado al mundo de los libros no conoce el aburrimiento. El ignorante desconoce lo que es sentir y gozar las cosas más bellas. El que no lee no permite que su sensibilidad se desarrolle perdiéndose así la oportunidad de disfrutar las obras maestras del hombre y de la naturaleza.

Regala libros, pero no los prestes. Casi nunca tienen regreso. Cuídalos, consérvalos y sobre todo, leelos.

102

TODAVÍA

¡Todavía hay amor! Todavía hay inocencia, todavía hay esperanza. No cierres tus ojos a lo bello de la vida ... Todavía en el campo hay verdor y en el agua transparencias. Todavía en la madrugada hay música de pajarillos y por sobre todas las cosas, todavía hay amor. ¡No pierdas la fe!

103

TODO PASARÁ

Cuando una pena te agobie piensa: Todo pasará.

Cuando un triunfo te envanezca piensa que eso, también pasará.

Cuando estés envuelto en problemas "sin solución" date cuenta que ese trance también pasará.

Al tener conciencia de que todo pasa, nuestros sufrimientos y nuestras vanidades se empequeñecen y nos hacen ver a lo largo de este camino ¡TODO PASARÁ!

104

EL PODER DE LA IMAGINACIÓN

La mente produce imágenes visuales constantemente, sin embargo, nosotros podemos hasta cierto punto, mandar u ordenar a nuestra mente el tema que va a ocuparla. Si imaginamos que algo es imposible, eso jamás podrá realizarse, en cambio, si pensamos que somos capaces de lograr algo, de seguro lo conseguiremos si ponemos el empeño y el entusiasmo necesarios.

Lo que nos ocurre, ya sea bueno o malo, es resultado de nuestros pensamientos conscientes o subconscientes. Si confiamos más en el poder de nuestra mente y reducimos el supuesto valor de las circunstancias, lograremos mucho más. Nunca se ha hecho algo valioso o bello por coincidencia o debido a las circunstancias. Una obra maestra es el resultado del esfuerzo, talento y conocimiento y no de la casualidad. Si pensamos en algo con realismo e imaginamos vivamente lo que deseamos que suceda, esto se llevará al cabo muy probablemente, sobre todo si añadimos a ello la fuerza de la acción creadora. En la acción, que se inicia en la mente, está el secreto del éxito.

105

MOVIMIENTO

La ausencia de movimiento es ausencia de vida. Si queremos

realmente vivir debemos estar activos, tanto física como mentalmente.

Hay un dicho que dice "Una llave que se usa a diario siempre está brillante".

Si utilizamos nuestro cuerpo y nuestra mente nos mantendremos brillantes y útiles y jamás, ni con los años se oxidarán nuestros miembros ni nuestra mente se estancará, ya que el fluir de ideas mantendrá nuestra inteligencia bien alimentada. El que pierde el interés en el "Juego" de la vida se paraliza, el que participa está activo.

Sólo envejece y se aniquila lo inmóvil.

Si todo en el universo está en movimiento ¿por qué optar por lo estancado?

Busca intereses y entra en movimiento; participa no te conformes con observar pasivamente. Tú puedes cambiar tu mundo, empieza ¡YA!

106

NO TRAICIONES TUS IDEALES

Los espíritus nobles tienen ideales. Los ideales son sueños que pueden llegar a realizarse. Si tienes sed de justicia no te traiciones, sigue persiguiendo tu ideal. Si anhelas la paz no desfallezcas ante la agresión o la violencia, combate el mal con el bien.

Si buscas la armonía, no te canses en tu lucha por obtenerla en tu vida. No claudiques, no te contamines con el cinismo de los demás.

Pon tu mirada en lo alto, pero pon tus pies sobre la tierra. Eres hombre hecho de carne, pero también eres espíritu y en ti hay eternidad.

No te canses de buscar la verdad, porque "El que busca, encuentra".

No pierdas la fe ni la esperanza.

¡NO ABANDONES TUS IDEALES!

107

EL MUNDO DE LOS SUEÑOS

Todo ser humano sueña. Soñar es el complemento de vivir. Nuestra vida onírica hasta cierto punto, influencia nuestro estado consciente. Los sueños desagradables que quizá olvidamos al momento de despertar, pueden hacer que amanezcamos de pésimo humor. Por el contrario, un sueño feliz nos hará sentir positivos el resto del día. No es fácil interpretar nuestros sueños, pero es innegable que si soñamos es por algo; no hay efecto sin causa.

El lenguaje de los sueños es simbólico. ¿Recuerdas el sueño profético de José acerca de las 7 vacas gordas y las 7 vacas flacas?

Cuando Freud dijo que nuestros sueños son la "Vía Regia" hacia el subconsciente, no dijo nada nuevo, ya que en los libros de la antigüedad se hablaba del mensaje de los sueños. Hay sueños conscientes que tenemos cuando anhelamos y "soñamos" con lograrlo.

Hagamos de nuestra vida un lindo sueño y no una amarga pesadilla.

108

EFICIENCIA

¿Cómo definiríamos esta palabra que usamos tan a menudo y que se aplica rara vez?

Eficiencia es la habilidad de hacer las cosas bien y a tiempo.

Hay personas que son muy bien hechas, quizá hasta perfeccionistas, pero que terminan su trabajo fuera de tiempo. Hay otras, por el contrario, que son veloces y terminan su labor con prontitud, pero el trabajo está mal hecho, tiene errores y está mal presentado.

La eficiencia necesita por fuerza de dos elementos: perfección en la hechura y prontitud en la entrega.

Para ser eficientes debemos tener la firme determinación de hacer las cosas de inmediato, sin posponer innecesariamente el inicio del trabajo o tarea encomendada.

Después se requiere de atención y cuidado para hacer un buen trabajo.

La eficiencia satisface al trabajador y al jefe. Ahorra tiempo, dinero y esfuerzo. Nuestro país no estaría como está, sí todos nos propusiéramos ser eficientes.

Para hacer las cosas bien es necesario responsabilizarnos y sabernos comprometidos en la tarea que nos ocupe, sea cual fuere. Nunca es tarde para iniciar un cambio que va a aumentar nuestra autoestimación y que al mismo tiempo nos redituará beneficios materiales.

¡LO QUE HAGAS, VALE LA PENA HACERLO BIEN!

109

RECETA PARA HACER BUEN PAN DE VIDA

Un sabio y prudente autor escribió esta original receta.

INGREDIENTES:

Alegría — abundante   Amor — mucho

Bondad — suficiente   Consideración
Respeto   Caridad.

Tome una gran cantidad de alegría y déjela hervir a fuego lento, *sin parar*. Póngale un tazón bien lleno de leche de la bondad y en seguida agregue una medida completa de consideración y respeto hacia los demás. Mezcle con esos ingredientes *una cucharada de comprensión*, pero de las grandes. Si puede poner un cucharón tanto mejor. Sazone todo esto con *abundante caridad*, desparrámela bien a cubrir todo el conjunto de tiempos y personas.

Mezcle todo perfectamente y enseguida pase todo por un colador, para eliminar las partículas de egoísmo. Sírvalo con *abundante salsa de amor*. Es exquisito y cautivador.

110

TRIUNFADORES Y PERDEDORES

Podríamos decir que en este mundo hay dos clases de personas: Las triunfadoras y las perdedoras.

¿A que grupo te gustaría pertenecer?

Me imagino que todos contestarán diciendo que desean ser triunfadores. Suena magnífico el pensarlo así. Pero la cosa no es tan sencilla, ya que para llegar al éxito necesitamos conocer el modo de lograrlo.

Primero echémonos un vistazo, ¿Cómo nos vemos? ¿Te agradas? ¿Piensas que la imagen que proyectas es positiva y agradable? Si es así, magnífico, tenemos un buen comienzo. En segundo lugar debemos saber *qué queremos lograr* y, ya estando seguros de esto iniciar nuestro camino hacia el triunfo. Es por eso que nuestras metas deben ser claras y precisas, y que debemos perseverar en nuestro empeño con confianza y entusiasmo a pesar de los tropiezos que pudiéramos tener. Para lograr algo valioso debemos esforzarnos.

Una vida sin metas, es como un barco sin rumbo, —se bambolea a merced de las olas—, en cambio cuando nos hemos trazado una ruta, debemos seguirla hasta llegar a nuestro objetivo.

Visualízate alegre, confiado y fuerte y acuérdate que QUERER ES PODER.

111

EL BIEN Y EL MAL

Desde siempre, la conciencia del hombre le ha hecho meditar sobre la existencia del Bien y el Mal. Los pesimistas y escépticos creen que el hombre es innatamente *malo.*

Para los humanistas, el hombre es básicamente bueno. Yo siempre pienso que la naturaleza del hombre es débil y conflictiva y que resistir las tentaciones, nos es muy fácil. Las dos fuerzas existen: la virtud y el pecado; y éstos son los polos opuestos.

Ambas fuerzas atraen al ser humano, sin embargo, es el hombre el que decide hacia donde inclinarse. Siento que, en el corazón del hombre hay dos puertas; la del bien y la del mal. Si abrimos a menudo la puerta nefasta, se nos hará el hábito y nos familiarizaremos con el mal, hasta el punto de sentirnos a gusto con el vicio, la mentira, el egoísmo y la codicia.

Por eso creo que debemos estar alerta con estas dos puertas, y de plano, clausurar la puerta del mal.

Pero muchos preguntan — ¿Qué es el mal? El mal es la ausencia del bien. Y ¿qué es el bien? —El bien es el amor, la verdad y la belleza. El bien es todo aquello que fortalece y ayuda a un ente a lograr su plenitud.

Nuestro propósito debería ser tratar de ser mejores, eliminando poco a poco todo aquello que nos limita, nos empequeñece y nos debilita.

112

QUIERO PEDIR PERDÓN

León Felipe escribió un poema llamado así y que quedó grabado en mi corazón.

¡Quiero pedir perdón, a tanta gente que sin querer haya herido!

¡Quiero pedir perdón, por lo que pude haber hecho y no hice, por la palabra amable que no pronuncié en el momento preciso!

¡Quiero pedir perdón por mis egoísmos y por la palabra o el juicio severo que alguna vez hice!

Quisiera saldar mis cuentas para tener un espíritu libre, y que lo que dejé de hacer por muchos seres queridos, lo pueda yo compensar con otros. . . desconocidos.

113

EL ERROR

Cuando una vive su propia vida, uno debe aceptar su falibilidad como parte integral de nuestra manera de ser. Una vida sin errores sería una vida incompleta.

Al intentar, al atreverse, al experimentar necesariamente cometeremos errores. Eso es vivir. Solamente no se cometen errores cuando no se hace cosa alguna.

Al morir ya no hay error.

Aceptamos nuestros errores y tropiezos con natural sencillez y digamos "me equivoco, luego estoy viva".

Por eso dice Jung —"Experimentar una derrota es también experimentar la victoria".

114

LIBERTAD

¿Te has puesto a pensar lo que esta palabra quiere decir para ti?

¿Podrías definirla?

¿Crees que todo el mundo merece disfrutarla?

Esta palabra tan mal usada y mal interpretada encierra conceptos tan profundos y tan ambiguos que es necesario meditar acerca de ella.

Tener libertad es tener opciones y alternativas y sin embargo, para tomar decisiones correctas y poder escoger el rumbo que hemos de seguir; es necesario ser maduros; es decir, gente responsable que toma sus decisiones con un criterio equilibrado y justo.

Para muchos la libertad es igual al libertinaje, a no tener medidas, es igual al no-control. Algunos psiquiatras y psicólogos "de vanguardia" confunden el control con la represión y permiten toda clase de desmanes para no 'frustrar' al individuo eliminando barreras y límites como si así, se pudiera vivir en la libertad.

La libertad necesita orden. En el caos, todo es confusión, La libertad es bella cuando sabemos usarla y para eso es necesario que la libertad siga un camino bien trazado.

En el universo hay orden y hay libertad porque hay leyes naturales que son obedecidas —Los cuerpos celestes tienen su camino.

115

LO NUEVO

Hoy en día, la palabra "Nuevo" tiene un impacto comercial tremendo.

Actualmente hay un deseo de desechar lo conocido y de adquirir lo nuevo.

Yo diría que "No hay nada nuevo bajo el sol" aunque al referirnos a cosas sí tenemos que aceptar que podemos comprar un montón de objetos novedosos que suplen la falta de ideas nuevas o de renovaciones internas.

Lo nuevo puede ser muy bueno por ejemplo, el surgimiento del Hombre Nuevo, ese ser creativo y pensante que podría cambiar al mundo. Un hombre que quiera construir, compartir, ayudar. Un hombre que cuide su mundo y proteja la naturaleza, un hombre consciente de su trascendencia y de su importancia.

Creo que sería magnífico renovarnos. Buscar las cosas nuevas que cambien todo lo contaminado por lo puro, todo lo falso por lo verdadero. Sería excelente buscar.

116

AUTENTICIDAD

¡Vamos quitándonos las máscaras!

¿Te atreves a ver tú verdadero yo?

Es mucho más agradable lo genuino, lo real que cualquier "Adorno" que tratemos de imponer a nuestra personalidad. Fingir cansa. Pretender que somos los que no somos, es un engaño. Edmund Rostand dice, "el que quiere parecer renuncia a ser".

Todo fingimiento, es falsedad, no sirve.

Las actitudes sofisticadas y estudiadas van en contra de ese don maravilloso que es la naturalidad. Evita lo pomposo y circunspecto. Trata de no ser solemne o pedante. Observa la belleza de conducta de los niños, cuando éstos todavía no han sido contaminados con el fingimiento de los adultos. En la naturaleza no hay falsedad, todo es real, todo es bello. Aprendamos a apreciar lo que somos y como somos ¡No tengas miedo, se tu mismo!

117

NAVIDAD

Para todos esta fecha es significativa. Es tiempo de renacimiento. Es tiempo de reconciliación. Es tiempo de añoranza y de recuerdos.

El poeta dice que, lo más triste es recordar tiempos felices, cuando ya hemos perdido la capacidad de sentir gozo en el corazón, yo añadiría que la más grande tristeza es la desesperanza, es negación de posibilidades y de fe.

Hace casi dos siglos llegó a la Tierra un niño de grandes ojos profundos y tierna sonrisa. Y ese niño se hizo hombre y habló y dijo con sus hechos que amaba y que todo lo daba, sin limitaciones ni condiciones. Su amor fue tan grande que dio su vida entera.

El mensaje está vigente. . . amar no pasa de moda pues el hombre está hecho para amar; aunque cuando su corazón endurecido ya no puede amar y optar por odiar. . . y se siente perdido y angustiado.

Nadie es indiferente al mensaje; la prueba es que lo combaten y lo satirizan pero, su fuerza está viva para quien quiera tomarla y cualquiera puede adoptar la opción de paz y gozo que el verdadero amor regala. Corramos menos en estos días, demos más de nosotros mismos y no hagamos de estas fechas, días de compromiso social, sino que, este sea un intercambio de buenos deseos para el mundo entero.

118

¿SERÁ TAN DIFÍCIL?

Se nos pide que amemos. Se nos recuerda que somos dignos de un trato amable y considerado por parte de nosotros mismos y por alguna razón nos empeñamos en autodestruirnos denigrando nuestra humanidad. ¿Te has puesto a pensar qué cosas buenas haces para ti? ¿Qué opinión tienes acerca de tu persona? ¿Actúas como le aconsejarías que actuara el ser que más amas? Si así fuera, no habría alcohólicos, ni drogadictos, ni obesos, ni pillos, ni ladrones, ya que, al amarnos cuidaríamos de nosotros mismos y buscaríamos el bienestar que decimos anhelar basado en el respeto que merece un ser humano.

Dentro de cada uno de nosotros hay un tesoro de felicidad y de armonía. Si sólo nos tomáramos el tiempo para ir a donde yace escondido y trabajáramos para encontrarlo, hallaríamos la verdadera riqueza, la inacabable, la infinita la que no termina con la muerte sino, por el contrario, la que se libera y expande en el momento de la liberación.

Es importante aprender a amar, pero para hacerlo primero deberemos amarnos. Acrecienta tus virtudes y valores sin vanidades absurdas. La vida será más fácil cuando de verdad nos amemos a nosotros mismos y a los demás.

119

VACÍOS

¿No te ha pasado que, aunque todo vaya bien, tienes salud, trabajo, diversiones, amigos —sientes un enorme vacío en el alma?

Te invade entonces una sensación de intrascendencia y sutil melancolía.

"No hay razón para estar así", se dice uno a sí mismo, "pero nada me entusiasma ni me alegra y todo parece carecer de importancia.

¿A qué atribuirlo? No se puede contestar esta pregunta tan fácilmente. Este sentimiento creo que es universal, todos lo hemos experimentado en algún momento de nuestra vida. En lo personal siento que, esta añoranza es el deseo innato e inconsciente de unirnos al Todo, a la Fuerza Total, a lo Eterno y perfecto. Es la añoranza de Dios. Sin embargo, al localizar esta sensación, es saludable pensar que, el día de la integración perfecta llegará a su tiempo, y que mientras estemos habitando el mundo, debemos aprovechar todas las satisfacciones que esta vida nos ofrezca. Y no me refiero al disfrute material o egoísta, sino, al gozo de la contemplación y de la acción creadora que nos hace sentir vivos y útiles.

Las actitudes sofisticadas y estudiadas, van en contra de ese don maravilloso que es la naturalidad. Evita lo pomposo y circunspecto. Trata de no ser solemne o pedante. Observa la belleza de conducta de los niños cuando éstos todavía no han sido contaminados con el fingimiento de los adultos. En la naturaleza no hay falsedad, todo es real, todo es bello. Aprendamos a apreciar lo que somos y como somos ¡No tengas miedo, se tu mismo!

120

TODO TIENE UN PRECIO

Hay muy pocas cosas que se nos dan gratuitamente. Se no da la vida y se nos da un mundo lleno de maravillas.

Fuera de ahí todos debemos pagar un precio por lo que deseamos obtener. La libertad tiene un precio que es la responsabilidad y la madurez para ganarnos el derecho a ser libres. No se puede tener libertad cuando no hemos aprendido a aceptar la causa de los efectos o resultados que obtenemos. Si no hay madurez para actuar como adultos pensantes, tampoco hay derecho a la libertad.

La salud que, generalmente se nos da con la vida, tiene que cuidarse y valorarse y no atentar contra ella como mucha gente suele hacer cuando tiene hábitos o vicios que definitivamente van minándola. Estos hábitos no son solamente el fumar, beber o comer en demasía. Hay actitudes mentales negativas que atraen toda clase de malestares y enfermedades.

¿Han observado cómo cuando una gente es feliz y está en paz, es muy raro que se enferme?

Las preocupaciones constantes, el mal carácter, el rencor y el miedo, siempre acarrean molestias fisiológicas y que al ser habituales causan enfermedades.

Para ser amados debemos pagar el precio que implica el ser generosos, amables y sinceros. Amar es un arte que debe aprenderse tal y como dijo Fromm en su "Arte de Amar".

Los logros intelectuales son producto de esfuerzo y perseverancia, y el precio es la dedicación y el deseo constante de superación.

El mantener una relación interpersonal estable y firme, implica también el sacrificar nuestro egoísmo y suprimir nuestros caprichos, considerando siempre los gustos y a veces las exigencias de la otra parte.

El orden la armonía, la amistad y el respeto se ganan, aunque mucha gente suponga que estas situaciones se dan espontáneamente.

Al emprender algo o al iniciar una actividad o relación, debemos pensar en el precio que debemos pagar para llegar a la meta que nos hemos fijado.

121

EL ASCENSO

Vivir es ascender constantemente. Está el reto que representa llegar a la cumbre, a esa cima tan anhelada donde nuestra curiosidad y ambición se verán colmadas.

Creo que todos hemos visto filmaciones de grupos de alpinistas durante el ascenso. Primero surge el deseo de subir, después, viene la preparación, entrenamiento adecuado y perseverancia así como, la obtención del equipo, de los instrumentos y herramientas necesarias para escalar. Después, el momento de decisión. El primer paso hacia la meta. Generalmente parte un equipo listo para ayudar al compañero, para tenderle la mano, para apoyarlo y sostenerlo en sus posibles caídas. Se inicia entonces ese ascenso lleno de peligros, pero también lleno de sorpresas y de satisfacciones. Hay que enfrentarse a lo inesperado, hay que estar preparados para afrontar el peligro. Hay que tomar decisiones y a veces hay que cambiar de opinión.

Llegan momentos de cansancio, de agotamiento, de miedo paralizante. Entonces, como dice Rudyard Kipling: "Descansar acaso debes, pero nunca desistir".

Al continuar el ascenso veremos paisajes maravillosos, tendremos una más grande perspectiva de todo, veremos con claridad cosas que antes no podíamos percibir por lo distante pero, desde arriba todo se ve diferente, hasta puede uno anticipar lo que acontecerá a los que todavía no inician su ascenso.

122

CONTRASTES

No hay luz, si no hay sombra.

No se siente calor, si no se ha experimentado el frío.

No se aprecia la salud, si no se ha sentido la enfermedad.

No se reconoce la riqueza, si no hubiera pobreza.

No se disfrutaría la paz, si no se reconocieran los estragos de la guerra.

No se deleitaría uno con la paz del silencio, si el bullicio y el ruido no nos hubieran molestado.

El descanso sería tedioso, si nunca hubiéramos sentido cansancio.

No se distinguiría el orden, si no hubiera habido desorden.

No llegaríamos a la Vida, si no pasáramos por la muerte.

No debemos desesperar, cuando algo negativo o doloroso nos ocurra, puedes estar seguro que no tarda en llegar el consuelo, la luz y el bienestar. Es conocido el dicho que asevera: "La hora más oscura, es siempre antes del amanecer".

123

A LOS PODEROSOS

Acuérdense que el poder corrompe, que la adulación ciega, que la gloria temporal es vana.

Recuerden que a ustedes les sobra lo que a millones les falta.

No acallen su conciencia con justificaciones y pretextos. . . Aún es tiempo de reconsiderar, de escuchar, la quizá muy debilitada voz de su conciencia.

Cuando dejen este mundo nada se llevarán, si acaso se llevarán en sus oídos el llanto de los niños hambrientos y de los pobres desamparados.

Si tienes poder, úsalo para "desfacer entuertos" como decía Don Quijote. Abre los ojos del cuerpo y del alma y mira a tu alrededor. . . No dejes pasar más tiempo, ¡repara el daño que hayas hecho!

124

SOLIDARIDAD

Ahora más que nunca hay una urgente necesidad de solidaridad humana.

Todos necesitamos de todos. Extendamos nuestra mano a aquellos que nos necesitan. Hagamos a un lado nuestro egoísmo. Es la hora de combatir la injusticia, la miseria y el vicio.

Ahora es el tiempo de construir y de re-construir. Todos sabemos que la unión hace la fuerza y nuestro mundo necesita nuestro apoyo para mantener la justicia y la razón. Llegó la hora en que la unidad combata y erradique el peligro del odio que sólo traerá el caos total.

Es hora de repartir nuestros bienes, tanto espirituales como materiales, solamente entonces evitaremos el dolor y la soledad del hombre actual.

Todos podemos dar y ayudar. Es un deber universal el reconstruir el mundo tan cruelmente sacudido y herido por la codicia y el egoísmo.

Ayuda a quien lo necesite, comparte lo bueno que la vida te haya dado.

El odio no se elimina con más odio, ni la pobreza con más miseria.

No prediquemos solamente con la palabra sino con nuestras acciones cotidianas. Seamos la causa de un cambio positivo en tu familia en tu comunidad, en tu país y en el mundo.

125

A LOS RICOS Y PODEROSOS

Recuerden que el poder corrompe, que la adulación ciega, y que la gloria y la fama se desvanecen.

Recuerden que se desperdicia lo que millones requieren.

No traten de acallar su conciencia con bien pensados pretextos y convenientes justificaciones.

Todavía hay tiempo para reconsiderar, todavía existe la oportunidad de escuchar a esa débil voz que yace dentro de ti.

Cuando dejemos este mundo, no será posible llevarnos cosa alguna, excepto tal vez, el sonido triste del llanto de tantos niños hambrientos y seres humanos explotados.

Si tienes poder en el mundo, úsalo para "Desfacer entuertos" como deseaba hacer Don Quijote. Abre bien los ojos y mira lo que te rodea y que tú puedes cambiar.

No dejes pasar más tiempo, empieza ahora a reparar el daño que puedas haber causado.

126

LAS DOS COLUMNAS

El hombre, ser humano, está parado sobre dos columnas. Físicamente hablando, decimos que son sus piernas. Las dos deben ser iguales de tamaño y de forma para lograr un perfecto equilibrio.

Internamente también tenemos dos pilares que apoyan nuestro

equilibrio, y éstos son La Razón y La Fe, estas dos columnas son las que sostienen al "yo" interno y que son complementarias. Donde la Razón termina se yergue la Fe y vice-versa.

El hombre cabal necesita el uso constante de La Razón y la Fe, suplirá los numerosos vacíos que la razón no puede llenar.

Los agnósticos y los escépticos caminan sobre una sola pierna y se agotan. . . Cuando empiecen a aprovechar la luz de la Fe, todo cambiará pues, utilizarán ese valiosísimo recurso que dará estabilidad a nuestros pasos.

ÍNDICE

CINCO MINUTOS MÁS CONTIGO
en su trigésima séptima edición
quedó totalmente impreso y encuadernado
el 11 de septiembre de 2003. La labor se realizó
en los talleres del Centro Cultural EDAMEX,
Heriberto Frías No. 1104, Col. del Valle,
México, D. F., 03100.